Helene Höngesberg & Johannes Klekamp

Piemont

DUMONT Reisen für Genießer

Inhalt

Piemont – ein Fest für alle Sinne   6

Hotels und Agriturismi

Asti und Umgebung

1	*Locanda del Sant'Uffizio, Cioccaro di Penango*	12
2	*Hotel Al Vecchio Castagno, Cocconato*	14
3	*Hotel Castello di Villa, Villa*	16
4	*Hotel Aleramo, Asti*	18
5	*Hotel Reale, Asti*	20
6	*La Casa in Collina, Agriturismo, Canelli*	22
7	*Hotel Villa Conte Riccardi, Rocca d'Arazzo*	24
8	*Locanda San Giacomo, Agliano Terme*	26
9	*Hotel Fons Salutis, Agliano Terme*	28
10	*Le Due Cascine, Agriturismo, San Marzano Oliveto*	30

Die Langhe

11	*Al Castello, Novello*	32
12	*Albergo Le Torri, Castiglione Falletto*	34
13	*Hotel Savona, Alba*	36
14	*Villa La Meridiana, Agriturismo, Alba*	38
15	*Antico Borgo del Riondino, Trezzo Tinella*	40
16	*Albergo Casa Beatrice, Neviglie*	42
17	*Cà San Ponzio, Barolo, Frazione Vergne*	44

18	Villa Carita, La Morra	46
19	Cascina Gabriela, Dogliani	48
20	Le Arcate, Agriturismo, Sinio	50

Das Roero

21	Hotel La Corte Albertina, Pollenzo	52
22	Castello di Santa Vittoria d'Alba, Santa Vittoria d'Alba	54
23	Il Tiglio, Agriturismo, Guarene	56
24	Il Melograno, B & B, Castagnito	58
25	Il Borgo, Agriturismo, Castellinaldo	60
26	Cascina San Bernardo, Agriturismo, Magliano Alfieri	62

Valle Bormida

27	Gallo, Bio-Agriturismo, Cortemilia	64
28	Hotel Villa San Carlo, Cortemilia	66
29	Cascina La Ca'Traza, Cessole	68
30	La Costa, Agriturismo, Torre Bormida	70

Orta-See

31	Hotel Villa Crespi, Orta San Giulio	72
32	Hotel Orta, Orta San Giulio	74
33	La Contrada dei Monti, Hotel Garni, Orta San Giulio	76
34	Hotel Santa Caterina, Orta San Giulio	78
35	Hotel Due Palme, Mergozzo	80

Restaurants

Asti und Umgebung

1	*Ristorante Gener Neuv, Asti*	88
2	*Ristorante L'Angolo del Beato, Asti*	90
3	*Il Convivio, Vini e Cucina, Asti*	91
4	*Il Campanaro, Castell'Alfero*	92
5	*Trattoria I Bologna, Rocchetta Tanaro*	94
6	*Ristorante San Marco, Canelli*	95
7	*Ristorante Violetta, Calamandrana*	96
8	*Trattoria Da Bardon del Belbo, San Marzano Oliveto*	97
9	*Ristorante La Fioraia, Castello di Annone*	98
10	*Locanda del Boscogrande, Montegrosso d'Asti*	99

Die Langhe

11	*Trattoria della Posta, Monforte d'Alba*	100
12	*Osteria La Salita, Monforte d'Alba*	101
13	*Ristorante Vecchio Tre Stelle, Barbaresco*	102
14	*Ristorante La Ciau del Tornavento, Treiso*	104
15	*Trattoria La Coccinella, Serravalle Langhe*	105
16	*Osteria Veglio, La Morra*	106
17	*La Crota, Roddi*	107
18	*Osteria La Cantinella, Barolo*	108
19	*Da ›Fausto‹ Ristorante Operti 1772, Cherasco*	110
20	*Osteria della Rosa Rossa, Cherasco*	112
21	*Ristorante Antica Corona Reale ›Da Renzo‹, Cervere*	113
22	*Osteria dell'Arco, Alba*	114

Das Roero

23	*Ristorante La Trattoria, Castellinaldo*	116
24	*Trattoria Bella Vista, Castellinaldo*	117
25	*Trattoria Ostu di Djun, Castagnito*	118

26	Ristorante Conti Roero, Monticello d'Alba	119
27	Ristorante All'Enoteca, Canale	120
28	Ristorante Leon d'Oro, Canale	122
29	Villa Tiboldi, Canale	123

Valle Bormida

30	Osteria del Brutto Anatroccolo, Pezzolo Valle Uzzone	124
31	Locanda Degli Amici, Loazzolo	125
32	Trattoria T'Bunet, Bergolo	126
33	Ristorante Da Maurizio, Cravanzana	127
34	Ristorante della Posta – Da Geminio, Olmo Gentile	128

Orta-See

35	Ristorante Pinocchio, Borgomanero	129
36	Taverna Antico Agnello Ristorante, Orta San Giulio	130
37	Ristorante Sacro Monte, Orta San Giulio	131
38	Ristorante Al Sorriso, Soriso	132
39	Ristorante Macallé, Momo	134
40	Ristorante La Quartina, Mergozzo	135

Einkaufen

Culinaria	140
Wein & Grappa	146
Alles für Haus & Garten	158
Märkte & Feste	160

Kulinarischer Sprachführer   162

Tipps & Adressen	171
Reiseservice	174
Register	177
Abbildungsnachweis, Impressum	180

Piemont –
ein Fest für alle Sinne

Das Piemont gehört neben der Toscana zu den wichtigsten Regionen Italiens, jedenfalls was die Küche und den Wein anbelangt. Es dauerte lange, bis das Land am Fuße der Alpen auch als Reiseziel entdeckt wurde. Erst als der Barolo und auf seinen Spuren der zweite Piemonteser, der Barbaresco, sich international in Szene setzten, besannen sich einige Urlauber auf das spröde Land im Nordwesten Italiens.

Es sprach sich herum, dass man hier zum guten Wein auch eine noch bessere Küche findet – eine der besten Europas. Berauschend wirkt die Harmonie von gutem Essen, gutem Wein, lieblicher Landschaft und gastfreundlichen Menschen. Hört man dann noch beim langsamen Auf und Ab über die Dörfer die Musik von Paolo Conte, dem gebürtigen Piemonteser aus Asti, scheint das Glück perfekt.

Als zweitgrößte Region Italiens bietet das Piemont genug Möglichkeiten, immer wieder etwas Neues zu entdecken. Das Herzstück und damit die kulinarische Wiege der Region bilden jedoch die drei Gebiete Monferrato, Roero und Langhe, denn hier wachsen die Weine, die mit den Speisen so hervorragend harmonieren.

Die grünen Hügel des Monferrato schmiegen sich nördlich und südöstlich um die Stadt Asti. Weiden, Gemüsefelder, Obst- und Haselnusssträucher und natürlich Weinberge machen in ihrer bunten Mischung den Reiz dieser Landschaft aus. Hier ist die Heimat des roten vollfruchtigen Barbera d'Asti und des weißen, süß prickelnden Moscato d'Asti, den die Piemonteser vor der *cena*, dem Abendessen, gerne an der Bar zu sich nehmen. Diese Barkultur wird besonders in der Capitale Asti gepflegt, wo die gekühlten Sektschalen abends auf jedem Tresen stehen, umgeben von einer bunten Auswahl köstlicher Kleinigkeiten, den *stuzzichini*.

Zwischen Asti und Alba liegt nördlich des Tanaro das Roero. Pfirsiche, Erdbeeren, Aprikosen und die köstliche Madernassa-Birne werden hier geerntet. An den steilen Hügeln wächst Wein. Zwischen den Hügelketten tun sich ebenso bizarre Schluchten wie liebliche Täler auf, mit Wiesen, Getreidefeldern, Haselnusssträuchern, wilden Pinien und Kastanienfeldern. Und so setzt sich dem Reisenden ein Mosaik aus mittelalterlichen Dörfern, Schlössern und grünen Hügeln, wo sich Obstgärten, Nusshaine, Waldgebiete und Weinhänge miteinander verbinden. Das Roero ist die ruhigste der drei Regionen, denn der Ansturm der Weinliebhaber konzentrierte sich zunächst auf die Dörfer der Langhe. Es lohnt sich also ganz besonders, auf dieser Seite des Tanaro auf Entdeckungsreise zu gehen, denn nicht nur fantastische Weine, sondern auch hervorragende Restaurants erwarten den *buongustaio*, den Genießer.

In der Langhe schweift das Auge über weite Rebflächen, unterbrochen von Dörfern und prächtigen Schlössern. Eines davon steht in einem winzigen Dorf, das zusammen mit zehn

Piemont – ein Fest für alle Sinne

Weinreben und Castelli prägen das Gesicht der Langhe

Nachbargemeinden die Fama des Piemonteser Weines in alle Welt getragen hat: Barolo. Das Dorf Barbaresco steht gemeinsam mit Treiso und Neive für das kleinere benachbarte Anbaugebiet mit dem fast ebenso berühmten Wein, dem Barbaresco.

Eine Reise durch die Langhe erfordert Zeit und Geduld, denn die Landschaft ist ein Labyrinth von Hügeln und gewundenen Straßen, die hinter jeder Kurve neue, unvorhersehbare Blicke freigeben. Eine solche Strecke führt auch in das Bormida-Tal, das seinen landschaftlichen Liebreiz besonders im nördlichen Teil zwischen Bubbio und Cortemilia zeigt. Diese Region ist geprägt durch bewaldete Hügel, Haselnusssträucher und Landwirtschaft und natürlich den Fluss Bormida, der das Tal durchzieht. Köstliche Käse werden hier produziert, und die Landschaft scheint unverbraucht mit ihren zarten Wiesen und saftigen Weiden. Sie bilden mit den vielen Wildkräutern die Futterquelle für Ziegen. Das Tal bietet dem Reisenden eine Oase der Ruhe und einen guten Ausgangspunkt für Ausflüge z. B. ins nahe gelegene Canelli, der

Sektmetropole des Monferrato. Unvergleichlich schön ist die Strecke dorthin über Loazzolo oder von Bubbio aus über Cassinasco.

Das Bormida-Tal nährt alle Sinne, über den Duft und die Farben der Natur bis hin zu den köstlichen Aromen der regionalen Küche. Ein Gebiet, das im Frühling in zauberhafter Blüte aufbricht, um sich nach einem heißen Sommer im Herbst in ein harmonisches Gemälde von Farben zu verwandeln.

Ein kleines Juwel versteckt sich im nördlichen Teil der Region: der Orta-See mit dem wunderschönen Städtchen Orta und der Insel San Giulio nur wenige Kilometer östlich des Lago Maggiore. Der See ist idealer Ausgangspunkt für Ausflüge in die umliegenden Berge und Täler, die der Gastronomie der Region eine fantastische Auswahl an Käse liefern. Die gute regionale Küche wird ergänzt von den großen Weinen, die unweit des Sees in Ghemme und Gattinara wachsen. Das milde Klima, die Ruhe und die vielen Ausflugsmöglichkeiten machen den Orta-See zu einer idealen Urlaubsregion.

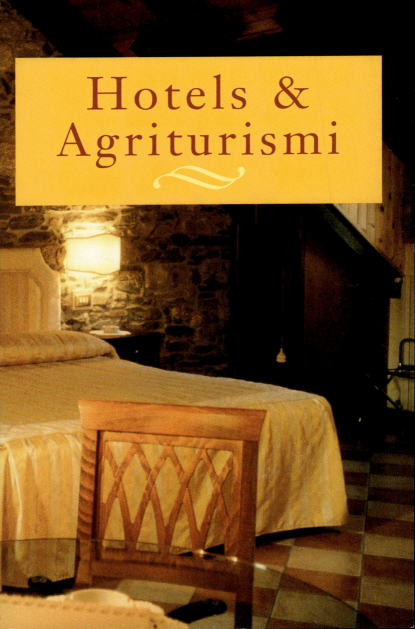

Hotels & Agriturismi

Hotels und Agriturismi

Die Unterkunftsmöglichkeiten im Land des Barolo und des Trüffels haben sich in den letzten Jahren entscheidend verbessert. Zurückzuführen ist diese Entwicklung unter anderem auf die Unterstützung seitens der EU, die in der Region Piemont zur Förderung des Tourismus genutzt wurde. Jeder, der auf dem Lande mithalf, die alten Strukturen zu erhalten, wurde vom Staat großzügig unterstützt. So entstanden Arbeitsplätze, welche die Menschen an der Abwanderung in die Städte hinderten, und gleichzeitig wuchs eine neue Art von Hotellerie auf dem Lande, der Agriturismo.

Viele junge Leute blieben in der Region und begannen, alte Höfe wieder aufzubauen oder stilvoll zu renovieren. Landwirtschaftliche Betriebe erwachten zu neuem Leben, und es entstanden ausgesprochen schöne, mit viel Liebe gestaltete Unterkünfte, die dem Reisenden nicht ohne Besitzerstolz angeboten werden.

Hotels und Agriturismi

Auch alteingesessene Agriturismus-Betriebe nutzten die Gelegenheit, ihre Häuser luxuriöser zu renovieren bzw. auszubauen. So entstanden etwa Swimmingpools und Wintergärten, umgeben von schön angelegten Gartenlandschaften. An der Gestaltung und Einrichtung der Zimmer wurde nirgendwo gespart, denn die Piemonteser tun alles dafür, dass sich ihre Gäste wohlfühlen und gerne wiederkommen. In vielen Unterkünften werden die typischen Speisen der Region gekocht, und Produkte aus eigener Herstellung kommen auf den Tisch. Dies ist ein Grund dafür, dass sich Appartements und Ferienwohnungen nicht so großen Zuspruchs erfreuen, denn wer verpflegt sich schon gerne selbst bei einem so guten und vor allem günstigen Angebot an Wein und Essen. Und so reicht vielen Reisenden ein geschmackvoll eingerichtetes Zimmer mit Garten und Pool oder gemütlichem Salon vollkommen aus, um sich für einige Tage verwöhnen zu lassen.

Der größte Vorteil der Agriturismi ist der persönliche Kontakt zu den Besitzern. Oftmals sind es die Frauen der Familien, die sich liebevoll um das Wohl der Gäste kümmern. Schon bei der Ankunft wird man häufig mit einem Glas Wein begrüßt, »Oder hätten Sie lieber einen Kaffee?« Eine solche Art von Gastfreundschaft findet man nur selten, und ihre Bedeutung wächst in der heutigen anonymen und hektischen Zeit immer mehr. Die Einheimischen können den Gästen gute Tipps geben für die Erkundung der Region. Man ist schnell im Gespräch, in welcher Sprache auch immer. Nähe und Hilfsbereitschaft werden hier gepflegt, und man fühlt sich schnell geborgen, fast wie zu Hause.

Zum Frühstück kommen oftmals selbst gemachte Marmeladen oder frisch gebackene Kuchen auf den Tisch. Käse und Wurst und vor allem Früchte der Region dürfen nicht fehlen. Derart gestärkt kann der Tag beginnen.

Sicherlich bieten auch die Hotels ein opulentes Frühstück an. Wer auf die persönliche Komponente verzichten mag, ist hier richtig. Dem Reisenden präsentiert sich eine gute Auswahl an alteingesessenen, aber auch neuen Hotels, die oft in ansprechend renovierten alten Gemäuern untergebracht sind. Auf das Bedürfnis vieler Kurzurlauber zugeschnitten, sind in den letzten Jahren auch einige sehr luxuriöse Hotels entstanden, die neben ihren Standardzimmern auch besonders schön eingerichtete Suiten anbieten. Da es in der warmen Jahreszeit nur wenige Möglichkeiten gibt, sich in natürlichen Gewässern zu erfrischen, verfügen auch die meisten Hotels über einen Swimmingpool im Garten. Und für die kühlere Jahreszeit und die Trüffelsaison darf natürlich der Kamin nicht fehlen.

Agriturismi und Hotels sind in ihrer Preisgestaltung ähnlich. Je nach Einrichtung und Standard ist für jeden Geldbeutel etwas dabei. Die Agriturismus-Betriebe dürfen nur eine bestimmte Anzahl Betten vorhalten, sind also wesentlich kleiner als die Hotels. Die sind nicht immer voll belegt und die Besitzer zuweilen bereit, über den Preis zu verhandeln, was man vor allem außerhalb der Saison und bei mehreren Nächten immer tun sollte. In der Trüffelsaison von September bis Dezember ist es ratsam, seine Unterkunft möglichst früh zu buchen, denn dann ist die Nachfrage nach Zimmern größer als das Angebot.

11

Locanda del Sant'Uffizio

1

Karte: E/F 6
Strada Sant'Uffizio, 1
14030 Cioccaro di Penango (Asti)
Tel. 01 41 91 62 92
Fax 01 41 91 60 68
Internet: www.thi.it
E-Mail: santuffizio@thi.it
Kreditkarten: alle gängigen
Ganzjährig geöffnet

Preise: EZ 160 €, DZ 220 €, Junior Suite 280 €, Suite 380 €, drittes Bett 50 €, Halbpension 55 € pro Person, Frühstück inkl.

Anfahrt: Von Asti aus Richtung Norden über die SS 457 nach Moncalvo. Auf der Höhe von Penango biegt man rechts ab in den Ortsteil Cioccaro und folgt der kleinen Straße durch Cioccaro bis zum Hotel, das ausgeschildert ist.

Das Hotel: Unweit der Hauptverbindungsstraße zwischen Asti und Montcalvo im nördlichen Monferrato liegt dieses Kleinod luxuriöser Gastlichkeit inmitten einer lieblichen Landschaft. Versteckt hinter den sanft gewellten grünen Hügeln, umgeben von Weinbergen, Wald und Wiesen bietet das Hotel dem Gast alle denkbaren Annehmlichkeiten.

Im alten Klostergebäude aus dem 16. Jh. lebten ehemals Dominikanermönche, die hier Seidenraupen züchteten und Wein anbauten. Nach der Auflösung des Klosters durch Napoleon vernachlässigten die neuen Besitzer das Gebäude immer mehr, und erst in den 1980er Jahren erstrahlte es nach gründlicher Renovierung unter der Leitung von Beppe Firato zu neuem Glanz. Der bekannte Sternekoch etablierte hier eine der besten Gourmetadressen des Piemont, natürlich mit Übernachtungsmöglichkeit.

Ende der 1990er Jahre musste er das Haus aus persönlichen Gründen leider aufgeben, und damals erwarb der heutige Besitzer, eine Turiner Hotelgesellschaft, das schöne alte Gebäude. Nach erneuten Renovierungs- und Umbauarbeiten konnte das Hotel im Jahr 2000 wieder eröffnet werden. 24 Doppel-, drei Einzelzimmer und fünf Suiten bietet Signor Andresini, der Hoteldirektor, seinen Gästen an. Die schönsten Zimmer liegen im ersten Stock des Haupthauses. Die originalen Holztüren des alten Klosters wurden an den Suiten erhalten, und man spürt hier oben noch etwas von der klösterlichen Stimmung. Wie an einer Perlenschnur sind die ehemaligen Mönchsklausen an einer Art Kreuzgang aufgereiht. Einmal geöffnet, fallen die Türen dank einer ausgeklügelten Mechanik nicht von alleine wieder zu, denn in der Klostergemeinschaft sollte es während des Tages keine Rückzugmöglichkeiten geben. Die Zimmer sind in Pastellfarben gestrichen und mit großen schmiedeeisernen Betten ausgestattet. Alte Holzmöbel und wertvolle Teppiche vervollständigen das Ambiente. In den fünf Suiten wurden an allen Decken alte Fresken freigelegt, die durch eine Glasscheibe geschützt und dezent angestrahlt im Zimmer sowie im Bad zu bewundern sind. Auch an den Wänden fand man zum Teil alte Fresken, die durch eine Glasscheibe bestaunt werden können.

Im zweiten Stock und in einem Anbau des Haupthauses befinden sich die normalen Doppelzimmer, die alle mit wertvollen Stoffen dekoriert und mit schönen alten Möbeln ausgestattet sind. Zum Teil verfügen sie auch über einen Balkon oder eine Terrasse mit Blick auf den Garten bzw. einem eigenen Zugang. Die beiden Schmuckstücke der Anlage sind der große Swimmingpool, der mit Liegen und Sonnenschirmen gut ausgestattet ist, und der benachbarte, nach französischer Art mit Buchsbaumhecken und Rosen gestaltete Garten. Hier findet man unter Bäumen genug Schatten und Ruhe zum Lesen oder für ein kühles Glas Wein. Die weitläufigen Wege rund ums Haus sind in viel frisches Grün getaucht, überall blüht der Oleander. Eine angenehme Umgebung, die zum Lustwandeln animiert und mit dem eleganten Interieur des Hauses gut harmoniert.

Restaurants: Das hauseigene Restaurant bietet in schönem Ambiente alles, was das Herz begehrt. Feine piemontesische Küche wird hier mit Raffinesse zubereitet und unter Kronleuchtern serviert. Nach Montemagno lockt das vornehme Lokal ›La Braja‹ (Tel. 014 16 53 92), das sich in einer Villa aus dem 18. Jh. befindet. Etwas bodenständigere Küche bekommt man im ›Aleramo‹ in Moncalvo (Tel. 01 41 92 13 44), einer einfachen Osteria, die regionaltypische Speisen anbietet.

Ausflugstipps: Das alte Dorf **Montemagno** südlich von Penango mit seinem imposanten Schloss. **Moncalvo**, die kleinste Stadt Italiens mit ihrem mittelalterlichen Ortskern, nördlich von Penango. Zum **Santuario di Crea**, einem Wallfahrtsort bei Ponzano Monferrato, ca. 10 km nördlich von Penango. Hier lohnt sich ein Spaziergang in dem schönen Park. Zum Einkaufsbummel in das kleine Städtchen **Casale Monferrato**, das direkt am Po liegt.

Luxuriös schlafen unter alten Deckenfresken in der Locanda del Sant'Uffizio

Asti und Umgebung

2
Al Vecchio Castagno

Karte: E 6
Strada Cocconato, 1
14023 Cocconato (Asti)
Ortsteil Maroero
Tel. 01 41 90 70 95
Fax 01 41 90 70 24
Internet: www.cannondoro.it
E-Mail: cannondoro@tin.it
Kreditkarten: alle gängigen
Im Januar geschlossen

Preise: EZ 57,50 €, DZ 115 €, Frühstück inkl., Halbpension 86 € pro Person.

Anfahrt: A 4 Turin–Mailand bis zur Ausfahrt Civasso und durch die Stadt bis zur SS 590 in Richtung Casale Monferrato. In Colombaro biegt man rechts ab in Richtung Casalborgone auf die SS 458 und folgt der Statale in Richtung Asti, bis es links abgeht nach Cocconato. Von der Piazza mitten im Ort führt eine kleine Straße zum Ortsteil Maroero (ausgeschildert). Der Padrone des ›Cannon d'Oro‹, das direkt an der Piazza liegt, erklärt gerne den Weg oder bringt die Gäste persönlich zum Agriturismo seines Sohnes.

Das Hotel: Die große Kastanie vor dem Haus gab dem Hotel seinen Namen. Die Familie Tortia aus Cocconato hatte das alte Bauernhaus mit Stallungen für Pferde und Kühe schon vor vielen Jahren gekauft, umgebaut und komplett renoviert. Das Anwesen liegt auf einem der Hügel des Monferrato und bietet einen herrlichen Panoramablick auf die umliegenden Dörfer und auf das breite Tal von Vercelli. Mitten in einem großen Park und umgeben von vielen Bäumen befindet man sich hier oben in einer Oase der Ruhe.

Im kühlen Schatten der alten Kastanien

Über einen breiten Treppenaufgang gelangt man zu den zehn Zimmern, die modern eingerichtet sind und viel Platz bieten. Die Wände bestehen zum Teil aus verschiebbaren Fensterfronten, die man nach außen hin öffnen kann. Die Kühle der weißen Wände und der braunen Steinböden harmoniert mit den liebevoll restaurierten Holzmöbeln und den eleganten unifarbenen Stoffen. Auch die Bäder sind modern und hell gestaltet.

Guido, der Sohn der Familie, kümmert sich um das Hotel. Er hat gleich nebenan ein neues Haus mit einem Frühstücksraum im oberen Stockwerk gebaut. Hier kann der Blick vom Kaffeetisch in die Ferne schweifen. Neben diesem Gebäude befindet sich der neu angelegte Swimmingpool, umgeben von englisch gepflegtem Rasen. Guidos Frau Barbara, eine Architektin, hat den modernen Bau entworfen und eine wunderbare Verbindung zwischen Raum und Natur geschaffen. Viel helles Holz und Glas wurden kombiniert mit moderner Lichtgestaltung. So erscheint alles sehr geräumig, ohne kühl zu wirken.

Schon von Kindesbeinen an hat Guido dem Vater in der Küche und im Saal geholfen, denn der gelernte Koch führt seit den 1960er Jahren das renommierte Haus ›Cannon d'Oro‹ mitten in Cocconato. Zu dem guten Restaurant gehören auch ein paar Zimmer, und so wurde Guidos späterer Werdegang bereits früh vorgezeichnet. Nach dem Studium im nahe gelegenen Turin übernahm er die Leitung des neuen Hotels, das die ganze Familie mit aufgebaut und immer weiter ausgebaut hat. Hier entstand auch ein Restaurant, das aber nur für Feierlichkeiten genutzt wird.

Und gefeiert wird hier gerne an den Wochenenden, denn das Ambiente des schönen Hauses mit Park und Swimmingpool ist dafür ideal. Für ›normale‹ Gäste empfiehlt sich deshalb eher ein Aufenthalt während der Woche, oder man fragt einfach nach, ob und wie gefeiert wird.

Morgens werden die Gäste mit einem reichhaltigen Frühstück versorgt, abends können sie im ›Cannon d'Oro‹ essen gehen. Hier unterstützt auch Guidos Schwester die Eltern im Service. Wer lieber ein einfaches und preiswerteres Zimmer über dem Restaurant mieten möchte, kann tagsüber trotzdem die Annehmlichkeiten des Vecchio Castagno nutzen und im Pool schwimmen gehen oder sich im großen Park in die ländliche Ruhe zurückziehen. Familie Tortia ist aufgrund der vielen Möglichkeiten sehr flexibel und mit viel Herz um das Wohl der Gäste bemüht.

Restaurants: Im ›Cannon d'Oro‹ (Tel. 01 41 90 77 94) an der Piazza kocht Guidos Vater. Das Essen ist richtig gut, und die Preise sind moderat.

Ausflugstipps: Zur romanischen Kirche in **Vezzolano**, zum Castello di Rinco in **Montiglio Monferrato**. Das prächtige Schloss von **Piea** südlich von Cocconato ist mit seinen schönen Parkanlagen besonders sehenswert. Zum Einkaufsbummel nach Turin oder nach **Montechiaro d'Asti** mit dem alten Ortskern und den romanischen Kirchen.

Aktivitäten: In **Maneggio** kann man Pferde mieten und die umliegenden Hügel erkunden. Mountainbikes werden im Haus vermietet.

Asti und Umgebung

3
Hotel Castello di Villa

Karte: E 7
Via Bausola, 2
14057 Isola d'Asti, Loc. Villa
Tel. 01 41 95 80 06
Fax 01 41 95 80 05
Internet: www.castellodivilla.it
E-Mail: info@castellodivilla.it
Kreditkarten: alle gängigen
Januar und Februar geschlossen

Preise: EZ 90–110 €, DZ 140–200 €, Junior Suite 200–240 €, Suite 240–280 €, inkl. Frühstück und Parkplatz, bei weniger als drei Übernachtungen 50 € Zuschlag pro Zimmer.

Anfahrt: Von der Autobahnausfahrt Asti Est rechts Richtung Asti auf der SS 10, dann auf die SS 231 Richtung Acqui Terme bis zur Ausfahrt Richtung Acqui/Isola d'Asti. Rechts auf der SS 456 durch Isola d'Asti, am Ortsende links ab Richtung Agliano, Villa, Canelli. Am Ortsende von Isola biegt man links ab in Richtung Villa und fährt den Berg hinauf bis in den Ort. Die in kräftigem Rosa gestrichene Villa kann man schon von Isola d'Asti aus oben auf dem Hügel erblicken. Sie liegt mitten im Ort hinter der Kirche auf der rechten Seite.

Das Hotel: Der Marchese Natta erbaute diesen Palazzo im 17. Jh. Der letzte Spross dieses alten Geschlechts, die Marchesa Virginia, verkaufte den Besitz im Jahre 1805. Im Jahre 1998 schließlich gelangte der Bau an Johnny Laager, einen Schweizer Geschäftsmann. Der ließ das Haus komplett renovieren, wobei er möglichst viel von der alten Bausubstanz erhalten wollte. Alte Deckenfresken und schöner Stuck wurden liebevoll restauriert.

Bevor man das Castello betritt, durchquert man einen kleinen Park und gelangt in die halb verglaste Eingangshalle. Sie ist, einem Wintergarten ähnlich, mit Korbmöbeln und vielen Pflanzen hell eingerichtet. Hier empfängt der in vielen Sprachen parlierende Hoteldirektor seine Gäste. Die sehr geschmackvolle Einrichtung besteht aus alten restaurierten Möbeln, die sich mit den wertvollen Stoffen an Fenstern und Betten aufs Beste ergänzen. Alle Zimmer sind sehr groß und in den Farben nach den unterschiedlichen Jahreszeiten mal heller, mal dunkler gestaltet. Große Kronleuchter bringen die barocken Deckenfresken sehr schön zur Geltung. Die Bäder sind hell gekachelt und sehr geräumig, Toilette und Bidet getrennt vom eigentlichen Bad. In allen Zimmern gibt es Sitzecken, die Böden sind mit Teppich ausgelegt oder aus Terrakotta. An den Wänden hängen gold gerahmte Spiegel oder große Gemälde.

Hinter dem Haus befindet sich eine Terrasse mit Swimmingpool und herrlichem Ausblick über das Tal und auf die Hügel des Monferrato. Buchsbaumhecken zieren den großen Garten, in dem man auf bequemen Liegestühlen den Blick über das Tal oder auf die alte Dorfkirche genießen kann. Das reichhaltige Frühstücksbuffet lässt keine Wünsche offen. Neben dem großen Frühstücksraum, der mit dunklen Korbmöbeln eingerichtet ist befindet sich eine kleine Cantina. Hier können die Hausgäste die Weine der Region trinken und dabei Wurst, Schinken oder Käse genießen. Für den etwas größeren Hunger gibt es auf Wunsch auch Pasta.

Frühstücken unter altem Gewölbe

Restaurants: In Montegrosso d'Asti die ›Locanda del Boscogrande‹ (s. S. 99) und in Perno das ›Il Companaro‹ (s. S. 92), das über den Corso Europa schnell zu erreichen ist und wo Duilio Moiso den besten Tropfen aus dem Monferrato gesammelt hat.

Richtung Alba lohnt sich die Fahrt nach Roddi ins ›La Crota‹ zu einem »alten« Koch der jungen Garde des Piemont (s. S. 107). Gut zu erreichen ist auch eines der besten Restaurants des gesamten Piemont, das ›Conti Roero‹ (s. S. 119) in Monticello d'Alba.

Ausflugstipps: Zum Einkaufsbummel nach **Asti** oder über die Hügel des Monferrato etwa nach **Castagnole delle Lanze** mit seinem schönen alten Ortskern und der Enoteca.

Aktivitäten: Der **Parco Naturale di Rocchetta Tanaro** ist ein hügeliger Naturpark mit viel Laubwald und blühenden Wiesen, der mit seinen gut erschlossenen Wegen einlädt zu Reiten, Wandern und Fahrradfahren. Ebenso gut erschlossen ist das Naturreservat des **Val Sarmassa** zwischen Madonna und Vinchio mit dem kleinen Lago Blu, der als Feuchtbiotop unter Naturschutz steht (Auskünfte bei: Ente Parchi Astigiano, Tel. 01 41 59 20 91).

Asti und Umgebung

4
Hotel Aleramo

Karte: E 7
Via E. Filiberto, 13
14100 Asti
Tel. 01 41 59 56 61
Fax 014 13 00 39
Internet: www.hotel.aleramo.it
E-Mail: haleramo@tin.it
Kreditkarten: alle gängigen
21. bis 27. Dezember und 1. bis 17. August geschlossen

Preise: EZ 75 €, DZ 125 €, Junior Suite 145 €, inkl. Frühstücksbuffet, Garage 11 € mit direktem Zugang zum Hotel.

Anfahrt: An der Autobahnausfahrt Asti Ovest fährt man links Richtung Asti, folgt dem Straßenverlauf des Corso Torino und hält sich immer rechts Richtung Palio, dann Richtung Zentrum. Im Kreisverkehr hält man sich geradeaus und lässt den Palio, der als riesiger Parkplatz gut zu erkennen ist, links liegen, fährt quasi um den ganzen Platz herum, bis es rechts abgeht zum Hotel Aleramo, das gut ausgeschildert ist.

Das Hotel: Das Drei-Sterne-Haus liegt in einem der kleinen Geschäftsviertel von Asti, nur wenige Fußminuten vom Zentrum und vom Hauptbahnhof entfernt. Seinen Namen verdankt es einem berühmten Marchese des Monferrato aus dem 10. Jh. Walter Rainero eröffnete Anfang der 1980er Jahre das Haus nur wenige Meter vom ›Hotel Rainero‹ (s. Tipp) seines Vaters entfernt und renovierte Schritt für Schritt die einzelnen Etagen.

Walter Raineros Hobby ist das Reisen. Während seiner zahlreichen Hotelaufenthalte in der ganzen Welt

Farbenfrohe Sitzecke in einer Suite des Aleramo

sammelte er Ideen für ein eigenes Projekt, das er unabhängig vom Vater realisieren wollte. Und so ist das Aleramo zu einem sehr schicken und modernen, dennoch gemütlichen Haus geworden. Philippe Starcks Motto: »Das Äußere soll dem Inneren entsprechen!« diente bei der Neugestaltung des Eingangsbereichs als Richtschnur. Klare Formen dominieren diese Zone und den angrenzenden Frühstücksraum. Natürlich fehlt auch die berühmte Liege nicht, die neben einer Sitzecke aus bunten Ledersesseln platziert ist.

Der großzügige Eingangsbereich wirkt wie eine Empore, von der man in den drei Stufen tiefer liegenden Frühstücksraum hinabblicken kann. Hier gruppieren sich schwarze Stühle um große runde weiße Tische. Die für Italien so typischen kaffeebraunen Tassen sind eingedeckt und ergänzen sich farblich sehr gut mit dem dunkelbraunen Parkettboden. Dieser Raum ist sozusagen das Herzstück des Hotels, denn hier gibt es laut Walter Rainero das beste Frühstück der ganzen Stadt. Der Gast bekommt alles, was das Herz begehrt, angefangen bei Brot und Gebäck von Giordanino, dem besten Konditor der Stadt, über frisches Obst, Schinken solo oder mit Rührei bis zu verschiedenen Käse aus der Region – und das alles gibt es bis 12 Uhr mittags. Ausschlafen ist also möglich, und derartig gestärkt ist man fit für einen Bummel durch die Stadt oder einen kleinen Ausflug über die umliegenden Hügel.

Treppenhaus und Zimmer sind in warmen Gelb- und Rottönen gehalten, die Böden mit Parkett oder Teppichboden ausgelegt, die Bäder mit hellem oder dunklem Marmor gefliest. Die Junior Suiten haben noch

Tipp

Ausweichquartiere in Asti

Zwei weitere im Preis etwas günstigere Hotels sind in Asti empfehlenswert. Unweit des Aleramo in der Via Cavour, 85 liegt das Hotel Rainero. Im obersten Stock gibt es drei Zimmer mit schöner Dachterrasse (nachfragen): EZ 50 €, DZ 90 € (ohne Frühstück), Garage 10 € pro Tag. Tel. 01 41 35 38 66. Etwas einfacher sind die Zimmer im Hotel Cavour direkt gegenüber dem Bahnhof. Das Haus wurde unlängst renoviert und bietet allen notwendigen Komfort in modernem Ambiente: EZ 42–50 €, DZ 62–70 €. Tel. 01 41 53 02 22.

eine kleine Sitzecke, die durch einen Paravent vom Bett abgetrennt ist. Die gleich großen Zimmer sind alle geräumig und verfügen über eine Sitzmöglichkeit, Klimaanlage, Minibar, Satellitenfernsehen und Tresor. An den Fenstern hängen schwere Stoffe, die in der Musterung mit den Bettdecken harmonieren und zu allen Jahreszeiten eine gemütliche Atmosphäre verbreiten.

Restaurants: ›Il Convivio – Vini e Cucina‹ (s. S. 91), ›Il Companaro‹ (s. S. 92), ›L'Angolo del Beato‹ (s. S. 90), ›Gener Neuv‹ (s. S. 88). ›Ristorante/Pizzeria Francese‹, Via dei Cappellai, 15, Tel. 01 41 59 23 21: Hier gibt es zur Trüffelzeit Pizza mit weißen Trüffeln.

Besichtigungen, Ausflugstipps und Aktivitäten: siehe ›Hotel Reale‹ S. 21.

5
Hotel Reale

Karte: E 7
Piazza Alfieri, 6
14100 Asti
Tel. 01 41 53 02 40
Fax 01 41 53 43 57
Internet: www.hotel-reale.com
E-Mail: info@hotel-reale.com
Kreditkarten: alle gängigen
Ganzjährig geöffnet

Preise: EZ 75–85 €, DZ 110–140 €, inkl. Frühstücksbuffet, Saison von September bis Mitte Dezember, außerhalb dieser Zeit sollte man über Zimmerpreise verhandeln.

Anfahrt: Autobahnausfahrt Asti Ovest. Man biegt links ab Richtung Asti und hält sich auf dem Corso Torino immer auf der rechten Spur, der Beschilderung Centro oder Palio folgend. Im Kreisverkehr fährt man geradeaus und auf der linken Spur um den großen Parkplatz des Palio herum, bis es rechts abgeht zum Hotel Reale.

Das Hotel: In den Annalen von Asti erinnert der Chronist Stefano Incisa an die feierliche Eröffnung des Albergo Reale am 28. Februar 1793. Das prächtige Hotel mitten im Ort, direkt an der Piazza Alfieri, sollte das Zentrum der aufstrebenden Stadt attraktiver machen und den Mittelpunkt des kleinstädtischen Lebens bilden. Wahrlich ein idealer Ort für die glühende Rede von Giuseppe Garibaldi an alle Astigianer. Am 13. März 1867 weckt er in ihnen die Hoffnung auf die bevorstehende Befreiung Roms und Italiens. Seidem hat das Haus viele illustre Menschen gesehen. Am 14. Mai 1872 wurde im Hotel Mikail Semenovich Tswett geboren. Tswett leistete mit der Entdeckung der Chromatographie zu Beginn des letzten Jahrhunderts einen großen Beitrag zur Erfindung der Farbfotografie. Aus diesem Grund besuchen noch heute viele Touristen aus Japan das Haus.

Der alte Palazzo mit seiner großen Eingangstür und dem riesigen Treppenhaus aus Marmor hat bis heute den Charme aus alten Zeiten bewahrt. Die Familie Prospero Caldera betreibt das Hotel seit 1971. Der Großvater stammte aus Asti und wanderte nach Süddeutschland aus, wo er einige Eisdielen betrieb. Enkeltochter Elisabeth wuchs in Deutschland auf, ging dort zur Schule und kehrte 1971 mit ihrer Familie nach Asti zurück, wo ihr Vater das Hotel übernahm. 1992 wurde das Haus komplett renoviert. Die Zimmer liegen überwiegend zur Piazza Alfieri und sind ausgesprochen geräumig. Die Bäder sind neu und hell gekachelt. Auch die Zimmer sind in hellen Farben eingerichtet, zum Teil mit Blumenmustern und weißen Wolkengardinen. Neben dieser blumig verschnörkelten Einrichtung gibt es auch Zimmer mit moderner Gestaltung und unifarbenen, schön aufeinander abgestimmten Stoffen an Fenstern, Betten und Sesseln. Die unterschiedliche Gestaltung der Zimmer sowie die Geräumigkeit des alten Palazzo machen den Reiz dieses Hauses aus. Im hinteren Teil des Hauses gibt es auch Zimmer mit einfacher Ausstattung zu einem günstigeren Preis. Die Familie Caldera empfängt die Gäste sehr freundlich und gibt gerne Auskunft – lassen Sie sich einfach die verschiedenen Räumlichkeiten zeigen.

Restaurants: siehe S. 19 (Aleramo).

Besichtigungen: Der beste Ausgangspunkt für einen Stadtrundgang ist die Piazza San Secondo. Hier sollte man einen Blick in die gotische Kollegialkirche aus dem 13. Jh. werfen. Unter den mittelalterlichen Bogengängen hindurch geht es zur Piazza Statuto mit dem ersten Geschlechterturm. Über die Via Sella gelangt man zum Turm Ponte Lombriasco. Am befestigten Wohnhaus der Familie Roero vorbei läuft man gen Norden bis zum Corso Alfieri. Hier befindet sich der achteckige Turm De Regibus. Links den Corso hinauf bis zur Piazza Cairoli. Über die Piazza gelangt man zur Kathedrale. Piemontesische Gotik, einen Glockenturm aus dem Jahre 1266 gilt es hier neben einem beeindruckenden Mosaik und Fresken aus dem 18. Jh. zu besichtigen. Nehmen Sie eine Straße zurück zum Corso Alfieri und folgen diesem linkerhand vorbei an der Piazza Roma bis zur Pinacoteca civica (Nr. 357). Schlendern Sie weiter, aber vergessen Sie nicht, einen Schlenker in die Via Gobetti oder Via Incisa zu machen. Schon stehen Sie wieder auf der Piazza San Secondo, von der es über die Via Garibaldi nur wenige Meter sind bis zum pulsierenden Herz der Stadt, der Piazza Alfieri mit ihren Geschäften unter Schatten spendenden Arkaden.

Ausflugstipps: Montechiaro d'Asti mit dem Castello Cortanze und der romanischen Kirche San Nazario e Celso. Das Städtchen **Cocconato** im Nordwesten von Asti: Von hier aus hat man einen wunderbaren Ausblick über das Monferrato-Gebiet und die Poebene. **Montemagno** im Nordosten mit seiner Burg aus dem 13. Jh. Zum Weineinkauf nach **Rocchetta Tanaro** zum Weingut Braida (s. S. 154).

Aktivitäten: Im Hotel Reale kann man Fahrräder ausleihen. Einen Golfplatz gibt es im nahe gelegenen Fubine (s. S. 171).

Die geräumigen Zimmer des Reale geben dem Gast ein herrschaftliches Gefühl

Asti und Umgebung

6
La Casa in Collina

Karte: E 8
Regione S. Antonio, 30
14053 Canelli
Tel. 01 41 82 28 27
Fax 01 41 82 35 43
Internet: www.casaincollina.com
E-Mail: casaincollina@casaincollina.com
Kreditkarten: alle gängigen
Ganzjährig geöffnet

Preise: EZ 70 €, DZ 110 €, Dreibettzimmer 130 €, Frühstück inkl., HP zusammen mit benachbartem Agriturismo 75 € pro Person (Frühstück u. Abendessen).

Anfahrt: Von der SS 231 Ausfahrt Isola d'Asti über die SS 456 Richtung Canelli und rechts Richtung Canelli Centro. Die nächste Straße führt bergauf, hier weist ein Schild (›La Luna e i Falo‹) den Weg. Man folgt der Beschilderung bis nach San Antonio und findet den Agriturismo mitten im Dorf auf der rechten Seite (ausgeschildert).

Das Hotel: Umgeben von besten Moscato-Lagen liegt dieses alte Piemonteser Bauernhaus auf einem Hügel mit schönstem Panoramablick. Edel wirkt das geschmackvoll restaurierte Gemäuer, wenn man auf den großen Innenhof fährt. Das sandsteinfarbene Gebäude harmoniert gut mit dem Pastellblau des Himmels und dem Grün des umliegenden Gartens. Seit mehreren Generationen befindet sich das Anwesen im Besitz der Familie Amerio, die das Haus im charakteristischen Piemonteser Landhausstil liebevoll renoviert hat.

Der Agriturismo ist aus einem alten Weinbaubetrieb entstanden, den Großvater Carlo gegründet hatte, um hier den süßen Moscato und einen Barbera d'Asti zu produzieren. Das Werk des Großvaters bzw. des Vaters setzen heute Luciano und Giancarlo fort. Giancarlo wird von seiner Mutter Armanda bei der Betreuung der Gäste tatkräftig unterstützt. Giancarlos Vater kümmert sich überwiegend um den Weinbaubetrieb, dessen Keller sich in Canelli befinden.

Die Gäste sollen das ruhige Landleben der reizvollen Langhe-Astigiane-Region voll und ganz genießen können. So wurde im Erdgeschoss ein gemütlicher Aufenthaltsbereich zum Lesen eingerichtet. Gleich daneben liegt der Frühstücksraum mit Sicht auf die faszinierende Hügellandschaft, die an klaren Tagen bis zu den Alpen reicht. Die neun geräumigen Gästezimmer, teils mit Wänden aus freigelegten Ziegeln, sind mit alten Möbeln im piemontesischen Stil, kostbaren Teppichen und warmen Stoffen eingerichtet.

Rund ums Haus wurde ein großer Garten angelegt, der genug Platz bietet, um sich in Ruhe zurückzuziehen. An den Frühstücksraum schließt sich eine Terrasse an, auf der man bei schönem Wetter das reichhaltige Frühstück genießen kann. Die Zimmer im ersten Stock haben ebenfalls einen Zugang zum Garten. Die Zimmer sind alle sehr geräumig und die Betten z. T. mit schmiedeeisernem Baldachin ausgestattet. Drei der Zimmer eignen sich besonderes für Familien mit Kindern, denn sie verfügen über einen kleinen abgetrennten Raum mit einem weiteren Bett. Die Wände sind in hellen Sandsteinfarben gestrichen, die gut harmonieren mit

Über die Treppe erreicht man die Terrasse mit herrlichem Ausblick über das Moscato-Land

dem rotbraunen Terrakottaboden. Innen wie außen ist das Haus hell und geräumig und verspricht einen ausgesprochen angenehmen Aufenthalt.

Restaurants: Das ›Della Posta‹ neben dem bekannten Käseort Roccaverano ist immer einen Ausflug wert (s. S. 128). ›Degli Amici‹ in Loazzolo mit seiner Terrasse und traumhaftem Ausblick (s. S. 125). Ganz nah, mitten in Canelli, liegt das ›San Marco‹. Hier kocht Mariuccia, eine der besten Köchinnen des Piemont (s. S. 95). Hausgäste können abends im benachbarten Agriturismo ›La Luna e i Falo‹ essen. Das Restaurant bietet gute piemontesische Küche wie gebratene Ente in Traubensauce, Gemüseflan mit Zwiebeln und Eiern sowie hausgemachte Pasta.

Besichtigungen: In Canelli der alte Ortsteil **Villanuova** mit seinen steilen gepflasterten Gassen. Sehenswert sind die Häuser aus dem 18. Jh. sowie die Barockkirchen, allen voran San Rocco auf der Piazzale San Leonardo am Ende der alten Stadtmauer.

Ausflugstipps: Über Santo Stefano Belbo in das kleine Hügeldorf **Mango** mit seiner Festung aus dem 13. Jh. und dem sehenswerten Schloss mit prunkvollem Garten. Im Erdgeschoss befindet sich die Enoteca Regionale, in der die bekannten Tropfen der Region ausgestellt sind (s. S. 143).

Asti und Umgebung

7
Albergo Villa Conte Riccardi

Karte: E 7
Via al Monte, 7
14030 Rocca d'Arazzo
Tel. u. Fax 01 41 40 85 65
Internet: www.albergovillariccardi.it
E-Mail: villaric@tin.it
Kreditkarten: alle gängigen
Im Januar geschlossen

Preise: EZ 42 €, DZ 67,50 €, keine Garage, aber Parkplatz vor dem Haus, Frühstücksbuffet 6 € pro Person.

Anfahrt: Von der Autobahnausfahrt Asti Est auf die SS 10 Richtung Alessandria bis Castello di Annone. Mitten im Ort rechts von der Hauptstraße abbiegen Richtung Carabinieri bzw. Stazione. Der Beschilderung nach Rocca d'Arazzo folgen. Vor dem Ortsende von Rocca d'Arazzo geht es links den Berg hoch in die Via al Monte, durch die man die Auffahrt zum Hotel erreicht.

Das Hotel: Nur wenige Kilometer von Asti entfernt befindet sich die alte Villa der Conte Riccardi in dem kleinen Dorf Rocca d'Arazzo. Das Haus ist umgeben von einem großen Park und liegt auf einer kleinen Anhöhe, die einen schönen Ausblick bietet auf die Hügel des Monferrato. Große Kastanien zieren die Auffahrt zum Hotel und spenden im Sommer Schatten.

Die Villa war ursprünglich eine klerikale Residenz, die zur Zeit Napoleons umgebaut und zu Beginn des 20. Jh. vergrößert wurde. Ende der 1980er Jahre wechselte sie in Privatbesitz. Nach einer umfänglichen Renovierung werden die Räumlichkeiten seit 1992 als Hotel genutzt.

Im Glas der schönen Eingangstür findet man das alte Hauswappen, das mit seinen zwölf Quasten die bischöfliche Würde darstellen soll. Lucca Nervo, der Direktor des Hauses, empfängt die Gäste in der Eingangshalle, von der aus man in zwei große Salons gelangt, die als Aufenthaltsraum dienen. Schwere Polstermöbel, Teppiche und dicke Vorhänge mit Blumenmuster verbreiten eine angenehme Atmosphäre. Viele Pflanzen und große Spiegel mit alten Goldrahmen tragen zur Behaglichkeit der Räume bei. Auf der anderen Seite des Flurs gibt es eine Bar, die die landesüblichen Getränke für den Durstigen bereit hält. Im Salon lässt sich mit einer guten Flasche Wein auch ein Regentag leicht überstehen.

Eine breite Steintreppe, die von einem alten Eisengeländer geziert wird, führt hinauf zu den Zimmern. Die Einrichtung der 27 gleich großen Doppelzimmer ist einfach, aber in gutem Zustand. Die Zimmer haben Parkettfußboden und hohe Fenster mit Holzläden, die im Sommer gegen die Hitze und im Winter gegen die Kälte schützen. Die neuen Bäder sind mit Duschen ausgestattet. Fernseher und Minibar runden die Ausstattung ab. Nach hinten hinaus schaut man auf den großen Swimmingpool und die Terrasse, von wo aus der Blick über den Ort in die Ferne gleitet. Im Untergeschoss der Villa liegen der Frühstücksraum und ein großes Restaurant, das ebenfalls über eine Terrasse und Zugang zum Garten verfügt. Mit etwas Glück bekommt man eines der drei Zimmer mit kleinem

Balkon. Fragen Sie nach den Zimmernummern 201, 203 und 211.

Das Hotel ›Conte Riccardi‹ ist eine grüne Oase der Ruhe. Es ist der ideale Ort, um nach einer Tagestour über die Hügel zur Ruhe zu kommen und sich zu entspannen. Wer abends nicht mehr rausfahren möchte, kann im Restaurant des Hauses essen. Es gibt die typischen Gerichte der Region. Die Speisen sind einfach, aber gut zubereitet und nicht zu teuer. Mit einem kleinen Abendspaziergang ins Dorf lässt sich der Tag wunderbar beenden.

Restaurants: ›La Fioraia‹ in Castello di Annone (s. S. 98), ›Trattoria I Bologna‹ in Rocchetta Tanaro (s. S. 94), ›Castello di Lajone‹ (Tel. 01 31 77 36 92) in Piepasso bei Quattordio (östlich von Asti), ›Vineria Taschet‹ (Tel. 01 41 64 44 24) in Rocchetta Tanaro (hier werden Produkte aus hauseigener Schlachtung verkauft, nur abends geöffnet), ›Ristorante Italia‹ (Tel. 01 41 40 81 17) in Rocca d'Arazzo (Frazione Santa Caterina).

Ausflugstipps: Stadtbummel in **Alessandria**, **Viarigi** im Norden mit dem zinnenbesetzten Turm der alten Burg und der kleinen romanischen Kirche San Marziano auf dem gleichnamigen Hügel, **Incisa Scapaccino** im Südosten von Rocca d'Arazzo (ein kleiner Ort aus der vorromanischen Epoche mit dem benachbarten Kloster Madonna del Carmine aus dem 13. und 14. Jh.).

Aktivitäten: Zwischen Incisa Scapaccino und Vinchio im Westen liegt der Naturpark **Val Sarmassa** mit den kleinen Seen Lago Valtiverno und Lago Blu, der als Feuchtbiotop unter Naturschutz steht. Um die Seen gibt es zahlreiche Wandermöglichkeiten z. T. mit Fitnesspfaden. Radfahren und Reiten ist auch möglich (Auskünfte bei: Ente Parchi Astigiano, Tel. 01 41 59 20 91).

Eine Villa mitten im Grünen

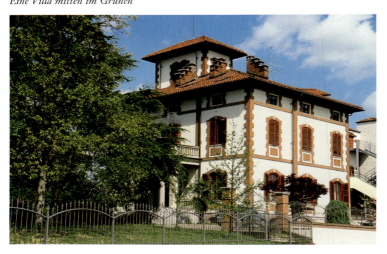

Locanda San Giacomo

8

Karte: E 7
Via Arulani, 4
14041 Agliano Terme
Tel. 01 41 95 48 31
Fax 01 41 96 45 63
Internet: www.locandasangiacomo.it
E-Mail: locanda.s.giacomo@libero.it
Kreditkarten: alle gängigen
Im Januar und Februar geschlossen

Preise: DZ 104–130 €, Suite 130–155 €, zusätzliches Bett 26 €, Preise inkl. Frühstücksbuffet.

Anfahrt: Von der Autobahnausfahrt Asti Est zunächst rechts auf die SS 10 in Richtung Asti und dann wieder rechts auf die Schnellstraße Richtung Acqui Terme. Von der Schnellstraße geht es rechts ab auf die SS 456 Richtung Acqui Terme. An der Ausfahrt rechts in den Ort Isola d'Asti, am Ortsende links ab in Richtung Agliano Terme. Am Ortsende von Montegrosso d'Asti rechts ab nach Agliano Terme. Hier hält man sich links Richtung Zentrum und fährt den Berg hinauf bis zur Kirche in der Ortsmitte.

Das Hotel: San Giacomo ist der Schutzheilige der Gegend um Agliano. Nach ihm wurde die Locanda benannt, die mitten im Ort liegt und ohne das kleine Schild über dem Eingang kaum zu finden wäre. Denn von außen deutet nichts auf einen Gasthof hin. Man steht vor einem ganz normalen Wohnhaus und muss klingeln, um Einlass zu finden. Dann wird man sehr freundlich empfangen und betritt ein liebevoll ausgestaltetes kleines Schmuckkästlein. Ursprünglich hatte ein Geschäftsmann hier für seine leitenden Angestellten ein Feriendomizil eingerichtet. Als dieser tödlich verunglückte, übernahm ein guter Freund namens Guido, Besitzer des gleichnamigen Top-Restaurants in Costig-

Die Schmökerecke vor dem Marmorkamin

lione, das Haus und funktionierte es zum Hotel um. Als der Mietpreis für das Haus anstieg, gab er es an die heutigen Betreiber ab und entschloss sich, ein eigenes Hotel zu bauen. Heute empfängt Signora Dapavo mit ihrem Neffen die Gäste.

Rechts vom Eingang kommt man in den Empfangsraum, der mit seinen alten Möbeln und Teppichen an ein liebevoll eingerichtetes Wohnzimmer erinnert. Eine alte Holztreppe führt hinauf zu den drei Zimmern und zwei Suiten. Sie bieten am meisten Platz und verfügen über sehr große Bäder mit eingebautem Whirlpool, begehbare Kleiderschränke und kleine Sitzecken mit gemütlichen Polstermöbeln. Die Betten sind besonders prunkvoll mit dicken Matratzen, Spitzen und edlen, schweren Stoffen in aufeinander abgestimmten Farben und erinnern an königliche Betten in alten Schlössern. Alle Zimmer haben Parkettboden, auch die Wände sind mit Holz verkleidet. Die Marmorbäder mit vergoldeten Armaturen sind genau wie die Zimmer in unterschiedlichen Farbtönen gehalten. Das gesamte Haus ist in altem Stil sehr luxuriös ausgestattet und bietet dem Gast viele Annehmlichkeiten in ruhiger Umgebung.

Agliano ist ein kleines ruhiges Dorf auf einem der vielen Hügel, fernab der großen Straßen. Ein idealer Ort, um von hier aus Ausflüge zu machen und abends in die dörfliche Ruhe zurückzukehren. Wer noch eine Kleinigkeit essen oder noch ein Glas Wein trinken möchte, der hat in der Enoteca oder im Ristorante der Locanda die Wahl zwischen typischen Gerichten der Region. Man kann ein ganzes Menü à la carte oder zum Glas Wein nur Antipasti oder Pasta bestellen. Bei schönem Wetter sitzt man auf der Terrasse mit Blick in den kleinen Garten hinter dem Haus. Hinter der Rezeption im Eingangsbereich gibt es einen geschmackvoll eingerichteten Salon mit dunklen Ledermöbeln und einer Bar. Von hier aus hat man ebenfalls einen schönen Blick in den Garten.

Restaurants: ›Da Maddalena‹ (Pizzeria/Ristorante) in Costigliole d'Asti (Tel. 01 41 96 63 74), ›Locanda Fontanabuona‹ in Mombercelli (Tel. 01 41 95 54 77), ›Violetta‹ in Calamandrana (s. S. 96), ›La Strana Coppia‹ in Vinchio (Tel. 01 41 95 03 77), ›Locanda del Boscogrande‹ in Montegrosso d'Asti (s. S. 99), ›San Marco‹ in Canelli (s. S. 95).

Ausflugstipps: Zur restaurierten Burg von **Costigliole d'Asti** aus dem 13. Jh.; zu den Sektkellereien Gancia und Riccadonna in **Canelli**. Zu den Burgruinen von **Calosso** und **Moasca**, dem höchsten Aussichtspunkt des Monferrato. **Burio,** südlich von Costigliole, mit seiner imposanten Burg aus dem 10. Jh. Im Ortsteil **Salere** das Weingut ›La Luna del Rospo‹ (s. S. 149). Von Agliano aus bietet sich eine Fahrt über die **Hügel des Monferrato** an, z. B. nach **Mombaruzzo** (Hauptstadt der Amaretti-Herstellung) östlich von Nizza Monferrato oder in das kleine Dorf **Bruno** nördlich von Mombaruzzo mit seiner Burg aus dem 14. Jh. Zum Aussichtspunkt **Bricco Lu** südlich von Vianoce oder zur Wallfahrtskirche **La Madonnina** südwestlich von Vianoce unweit von Costigliole d'Asti.

Aktivitäten: In den neu gebauten Thermen von Agliano gibt es Saunen, Whirlpools und Fitnessräume.

Hotel Fons Salutis

Karte: E 7
Via alle Fonti, 125
14041 Agliano Terme
Tel. 01 41 95 40 18
Fax 01 41 95 45 54
E-Mail: f.salutis@tin.it
Kreditkarten: alle gängigen
Von Januar bis Mitte Februar geschlossen

Preise: EZ 53 €, DZ 85 €, Dreibettzimmer 100 €, inkl. Frühstück, HP im DZ 50 € pro Person.

Anfahrt: Von der Autobahnausfahrt Asti Est zunächst rechts auf die SS 10 in Richtung Asti und dann wieder rechts auf die Schnellstraße Richtung Acqui Terme. Von der Schnellstraße geht es rechts ab auf die SS 456 Richtung Acqui Terme. An der Ausfahrt rechts in den Ort Isola d'Asti, am Ortsende links ab in Richtung Agliano Terme fahren. Am Ortsende von Montegrosso d'Asti rechts ab nach Agliano. Man fährt nicht links den Berg hinauf ins Ortszentrum, sondern geradeaus unterhalb der Hügel bis zum Hotel.

Das Hotel: Das Haus liegt am Fuße des Hügels von Agliano, also außerhalb des alten Ortskerns mitten im Grünen, umgeben von Wiesen und Weinbergen. Die Rebanlagen um Agliano zählen zu den bedeutendsten Lagen für Barberaweine. Nur eine kleine Straße führt hinauf in den Ort, ansonsten herrscht hier unten Stille. Das Hotel ist bereits seit mehr als 100 Jahren wegen einer Sulfatquelle, die neben dem Haus entspringt, ein beliebtes Ziel von Erholungssuchenden, die mitten in der Natur in aller Ruhe kuren wollten. Das Hotel wurde im Laufe der Jahre vergrößert und mehrfach umgestaltet. Auch heute noch kommen die Touristen,

Der große Garten mit Pool ist ideal für den Sommeraufenthalt

um sich hier zu erholen und ihrer Gesundheit Gutes zu tun, jedoch eher mit Wein und den Spezialitäten der Region denn mit Sulfat. Mittlerweile sind Hotel und Kurbereich nämlich voneinander getrennt. Die Heilkräfte des schwefeligen Wassers nutzen heute überwiegend die Einheimischen, wenn sie von akuten Erkrankungen der Atemwege geplagt sind.

Den Gästen des Hotels stehen 30 Doppelzimmer zur Verfügung und hinter dem Haus ein großer Garten mit Swimmingpool. Dort gibt es auch eine große Terrasse, die zum Teil überdacht ist. Bei warmen Temperaturen kann man hier frühstücken bzw. dinieren. Eine Steintreppe führt hinauf zu den Zimmern, die einfach eingerichtet sind, jedoch viel Platz bieten. Alle Zimmer sind mit Fernseher und neuen Bädern ausgestattet. Das Haus ist besonders familienfreundlich, da es sowohl innen wie draußen ausreichend Platz bietet. Der große Park um den Swimmingpool ist schattig und bietet genügend Gelegenheit, sich zurückzuziehen.

Über einen kleinen Weg und eine Verbindungstreppe gelangt man in das benachbarte Thermalbad mit seinen Fitnessräumen und Saunen. Man kann aber auch einfach auf der Terrasse das hausgemachte Eis oder einen kühlen Drink genießen. Einen Steinwurf weiter findet man einen der wenigen Campingplätze in der Region, zur anderen Seite hin die Genossenschaftskellerei von Agliano.

Im Erdgeschoss des Hotels gibt es ein mit alten Möbeln gemütlich eingerichtetes Restaurant. Gino Minacapilli hat das Hotel Ende der 1980er Jahre vom heutigen Besitzer der

Tipp

Weineinkauf

Leicht zu erreichen ist von Agliano aus im Ortsteil Salere der Winzerbetrieb von Michael Schaffer, einem Deutschen, der mit seiner Frau Mitte der 1990er Jahre ins Piemont auswanderte, um sein eigenes Weingut zu gründen: ›La Luna del Rospo‹ (Tel. 01 41 95 42 22). Nach gut zehn Jahren zählen seine überwiegend ›biologisch‹ gemachten Weine zur Spitze der Region. Für den eher konventionellen Anbau kann dies auch Agostino Pavia im Ortsteil Bologna (Tel. 01 41 95 41 25) für sich reklamieren.

Therme übernommen, der nicht beide Häuser gleichzeitig führen wollte. Er betreibt das Hotel zusammen mit Toni und Lucca, die in der Küche wirken. Die Atmosphäre im Haus ist locker und besonders gastfreundlich. Ein Ort, an dem man mehr draußen lebt als drinnen – also ideal für den Sommer und einen warmen Herbst.

Restaurant: Im hauseigenen Restaurant werden alle typischen Gerichte der Region serviert: einfach, aber gut zubereitet und vor allem nicht zu teuer. Man nimmt viel Rücksicht auf die Wünsche der Gäste, und so gibt es auch schon mal ein Steak vom Grill beim sommerlichen Barbecue oder für die jungen Gäste einfach nur die beliebten Spaghetti.

Weitere Restaurants, Ausflugstipps und Aktivitäten: siehe ›Locanda San Giacomo‹, S. 27.

Asti und Umgebung

Le due Cascine

10

Karte: E 8
Regione Mariano, 22
14050 San Marzano Oliveto
Tel. 01 41 82 45 25
Fax 01 41 82 90 28
Internet: www.leduecascine.com
E-Mail: info@leduecascine.com
Kreditkarten: alle gängigen
Ganzjährig geöffnet

Preise: EZ 40 €, DZ 70 €, Dreibettzimmer 80 €, Vierbettzimmer 90 €, Frühstück inkl.

Anfahrt: Von Asti Est kommend auf der SS 231 Richtung Acqui Terme bis zur Ausfahrt Isola d'Asti. Hinter dem Ort auf die SS 456 Richtung Acqui Terme und Nizza bis zu einer großen Kreuzung. Hier geht es links nach Nizza Monferrato. An der Rechtsabbiegung San Marzano Oliveto und Valle San Giovanni folgt man der Beschilderung bis Marzano Oliveto und erreicht kurz vor dem Ortseingang eine T-Kreuzung, an der man links fährt. Man lässt die bunt bemalte Azienda Ca d'Carussin rechts liegen und folgt der Straße bis zu dem großen weißen Haus, das unterhalb der Azienda liegt.

Das Hotel: »Alles hat ganz klein angefangen«, erzählt Silvia Ferro, wenn sie über ihr neues Hotel redet, das sie zusammen mit Ehemann Bartolo direkt neben ihrem Elternhaus errichtet hat. 1994 haben sie mit einer kleinen Restauration und Bar angefangen, und schnell waren die zehn Tische immer besetzt. Denn Silvia kocht aus Leidenschaft mit Produkten aus eigenem biologischen Anbau. Sie stammt aus einer alten Bauernfamilie und hat die Passion zum Kochen von ihrer Großmutter geerbt.

Hier hat man von allen Zimmern einen herrlichen Blick über das Monferrato

»Unsere ganze Familie hat immer hart auf den Feldern gearbeitet und alles, was auf den Tisch kam, wurde im eigenen Garten geerntet«, erinnert sie sich heute. Als Frau, die zupacken kann und Arbeiten gewöhnt ist, entwickelte sie bald den Ehrgeiz, ihre Restauration zu erweitern und den Gästen, die von weiter her kamen, auch Zimmer anzubieten. So begannen Silvia und Bartolo 1997 mit dem Bau des Hotels, das zwei Jahre später eingeweiht wurde.

Das große weiße Haus liegt auf einer Anhöhe und bietet einen wunderschönen Ausblick auf die umliegenden Täler und Hügel. Man wohnt hier auf dem Lande und ist trotzdem schnell in Canale oder Nizza Monferrato.

Die zehn Zimmer sind einfach eingerichtet, aber alles ist neu und vor allem sehr geräumig. Alle Zimmer haben Satellitenfernseher, einen Deckenventilator und einen Moskitoschutz an den Fenstern. Steinböden und grüne Fensterläden garantieren in der warmen Jahreszeit die notwendige Kühle. Die Bäder sind mit Dusche und Bidet ausgestattet. Raum und Licht sind die beiden wichtigsten Gestaltungskomponenten des Hauses. So ziert etwa ein großes buntes Glasfenster den breiten Treppenaufgang zu den Zimmern.

Von der Rezeption aus geht man rechts in die Bar und daran anschließend in das Restaurant des Hauses. Auch von hier aus ist die Aussicht traumhaft, denn große Fenster öffnen sich auf die Barbera- und Moscatoweinberge. An der Stirnseite des großen Gastraumes befindet sich ein Kamin und dahinter die Küche, das Reich Silvias. Hier kocht sie die einfachen und bodenständigen traditionellen regionalen Gerichte. Und auch Schinken und Salami dürfen auf dem Tisch nicht fehlen. Die Weine kommen von nebenan, denn ihre Schwester Bruna bewirtschaftet den Weinbaubetrieb Ca d'Carussin. So ist dieser Agriturismo eine kleine Oase der Ruhe und Erholung, in der man sich rundum verwöhnen lassen kann und wo man sich gerne länger aufhält. Dazu laden auch der ruhige Garten und der Swimmingpool ein.

Restaurants: ›Da Bardon‹ in San Marzano (s. S. 97), ›Violetta‹ in Calamandrana (s. S. 96), ›San Marco‹ in Canelli (s. S. 95). Empfehlenswert ist auch die Fahrt nach Cossano Belbo zum ›Della Posta Da Camullin‹ (Tel. 014 18 81 26), einem traditionsreichen Haus mit guter piemontesischer Küche zu akzeptablem Preis.

Besichtigungen: Der Hauptort **San Marzano Oliveto** ist zu Fuß auf einer kleinen Straße durch die Weinreben zu erreichen (ca. 45 Min.). Der alte Dorfkern ist sehenswert, man kann in der Bar einen *caffè* nehmen.

Ausflugstipps: Zum Grappa-Einkauf bei ›Berta‹ in **Mombaruzzo** (s. S. 157). Ins **Valle Bormida** zur Wallfahrtskirche I Caffi in Cassinasco. In die Hochburg der Sektherstellung nach **Canelli** oder in den alten Badeort **Acqui Terme**. Auch eine Rundfahrt durch das **Belbo-Tal** über Santo Stefano und Cossano Belbo bis Mombarcaro und zurück durch das **Bormida-Tal** über Monesiglio und Cortemilia bietet sich an. Legen Sie in Cortemilia in der Eisdiele an der Hauptstraße unterhalb der Brücke eine Pause ein – es lohnt sich!

Die Langhe

11 *Al Castello*

Karte: D 8
Piazza Marconi, 4
12060 Novello
Tel.: 01 73 74 45 02
Fax: 01 73 73 12 50
Internet: www.castellodinovello.com
E-Mail: info@castellodinovello.com
Kreditkarten: alle gängigen
Geöffnet: von März bis Dezember

Preise: EZ 80, DZ 93 €, Suite 135 €, Frühstück inkl.

Anfahrt: In Barolo fährt man Richtung La Morra und hält sich dann links Richtung Novello. Dort folgt man der Hauptstraße und fährt geradewegs auf das Castello zu.

Das Hotel: Nur wenige Kilometer von Barolo und von Alba entfernt liegt dieses kleine Juwel. Über einen hohen Treppenaufgang erreicht man vom Park aus das Portal des Schlosses. In der Halle ist alles mit dunklem altem Holz ausgekleidet. Im Sommer ist es hier angenehm kühl. Im Herbst und Winter, zur Hauptsaison also, werden die Räume von Leuchtern erhellt und verbreiten eine urige Wärme. Denn hier ist alles sehr alt und gut erhalten. Man taucht beim Betreten des Hauses ein in eine verwunschene Welt, wie man sie nur aus Kostümfilmen kennt.

Der Treppenaufgang zu den Zimmern führt über eine sehr breite Steintreppe. Im Aufgang stehen in den Erkern der Wände alte Figuren, vergoldet und bunt bemalt. Man erreicht im ersten Stock die sieben Doppelzimmer, die den Märchenschlossstil fortführen. Hohe Fenster mit schweren Stoffen und helle Steinböden bilden den Rahmen für die alten fein restaurierten Holzmöbel. Die Zimmer sind alle in Pastellfarben gehalten, mal rosa, mal gelb oder lindgrün.

Wer sich einmal richtig als Schlossherr fühlen möchte, sollte sich nicht entgehen lassen, in einer der wunderschönen Suiten zu wohnen. Die ›Baldachin-Suite‹ ist das absolut Schönste, was man sich gönnen kann. Hier fühlt man sich unversehens in einen Sissi-Film versetzt. Aber alles ist Realität – das vergoldete Baldachin-Bett, der alte Parkettfußboden, das vergoldete Glastischchen, der Kronleuchter, die reich verzierte und bemalte Decke, die alten Gemälde und die langen Vorhänge, sowie der Kamin. Bevor Kaiserin Sissi wirklich eintritt, verschwindet man lieber im benachbarten eigentlichen Schlafzimmer der Suite. Hier ist alles wie in einem normalen Doppelzimmer eingerichtet, denn im kleinen Bett des historischen Zimmers kann man kaum schlafen. Und so ist dieser große schmucke Raum auch nur als Wohnraum gedacht. Diesem vorgelagert ist noch ein kleiner sehr kuscheliger Salon mit Sofa, Fernseher und Minibar.

Die Bäder sind alle neu und hell ausgestattet. Die Rosa-Suite und noch zwei weitere Suiten ergänzen den Reigen der himmlisch ausgestatteten vier Räume. Hinzu kommt, dass das Hotel im ersten Stock über eine riesige Sonnenterrasse mit Holzboden und viel Grün verfügt. Absolute Ruhe ist hier inbegriffen, denn es gibt nur eine kleine Straße durch Novello.

Ein Traum also, den man sich gönnen sollte, denn hier zu logieren ist

In der ›Baldachin-Suite‹ fühlt man sich unversehens in einen Sissi-Film versetzt

sicherlich ein einmaliges unvergessliches Erlebnis. Selbst der Aufenthalt in einem der Standardzimmer lohnt allein wegen des Ambientes. Sehr gemütlich und vor allem romantisch ist es in der dunkleren Jahreszeit mit den vielen Kerzen und Leuchtern und vor allem dem prasselnden Kaminfeuer.

In der kleinen Saletta delle Muse mit Kamin und großem Gemälde wird das Frühstück serviert. In der Saletta della Caccia bittet man abends zu Tisch, und die reich verzierte Saletta degli Arazzi ist für kleine Gruppen reserviert. Vom Schloss aus gibt es Wanderwege nach Barolo (4 km) oder nach Monforte (6 km). Und was gibt es Schöneres, als nach einer ausgiebigen Weinprobe durch den Wald zurückzukehren ins eigene Märchenschloss?

Restaurants: Das hauseigene Restaurant bietet typische Speisen der Region, im nahen Barolo ist für die unkomplizierte und einfache Küche ›La Cantinella‹ zu empfehlen (s. S. 108).

Besichtigungen: Die barocke Fassade der **Chiesa della Confraternita di San Giovanni** aus dem 18. Jh., daneben die Pfarrkirche **San Michele Arcangelo** mit der ca. 30 m hohen Kuppel. Beide Gebäude schmücken die Piazza von Novello.

Ausflugstipps: Die Umgebung ist auch auf Reitwegen gut zu erkunden. Auskünfte über die entsprechenden Wege erhält man an der Rezeption. Am ersten Wochenende im August werden samstags geführte Reitausflüge mit Abendessen vom Hotel aus organisiert.

Albergo Le Torri

12

Karte: D 8
Via Roma, 29
12060 Castiglione Falletto
Tel. u. Fax 017 36 29 61
E-Mail: info@hotelletorri.it
Kreditkarten: alle gängigen
Mitte Januar bis Mitte Februar geschlossen

Preise: DZ 77–88 €, Appartement 93–143 € (4 Personen), Frühstück 9–12 € pro Person.

Anfahrt: Man nimmt von Alba aus den Corso Europa Richtung Barolo, fährt in Gallo d'Alba ab, folgt rechts der Hauptstraße und biegt hinter dem Ort links ab Richtung Castiglione Falletto. Die Straße führt etwas bergauf, am Ortsanfang biegt man links ab zur Ortsmitte und zum ausgeschilderten Hotel.

Das Hotel: Schon von weitem sieht man die mittelalterliche Burg, die den Ort überragt und deren Türme dem Hotel den Namen gaben. Renata und Silvana Ferrero betreiben das Hotel seit März 2000 und empfangen die Gäste oft schon im großen Innenhof, an den sich die kleine Rezeption anschließt. Renata ist seit vielen Jahren Touristenführerin und schon deshalb die gefragteste Person im ganzen Haus. Von ihr bekommt man die besten Tipps für Ausflüge in die Region: Renata weiß, wo man gut essen kann und was man unbedingt sehen muss. Ihre Leidenschaft, den vielen Gästen aus aller Welt ihre Heimat nahe zu bringen, hat sie bewogen, zusammen mit Silvana das Hotel zu übernehmen. Silvana und Renata sitzen oft abends noch mit den Gästen im großen Innenhof. Hier findet man keine steife Hotelatmosphäre, sondern eine freundschaftliche Stimmung.

Das schöne weiße Patrizierhaus aus dem 15. Jh. gehörte früher zum Castello und wurde 1990 von Grund auf restauriert. Mit den dunkelbraunen Holzfensterläden und den filigranen Malereien hat es eine fast mediterrane Ausstrahlung. Das Gebäude ist sehr verwinkelt, alle Zimmer haben einen Zugang zu den umlaufenden Balkonen im ersten und zweiten Stock. Sie liegen zum Hof hin mit Blick auf den großen Olivenbaum.

Alle Zimmer sind weiß gestrichen, in hellen, meist blauen Farbtönen modern eingerichtet und verfügen über Fernseher und Minibar. Die Betten sind groß und bequem. Die sehr ge-

Tipp

**Solo un spuntino!
(Nur eine Kleinigkeit!)**

Wenn Sie in Castiglione Falletto nur eine Kleinigkeit essen wollen, kehren Sie bei Renza ein. Von ihrer Terrasse aus hat man einen der schönsten Ausblicke auf die Hügel der Langhe. Dazu bereitet Renza liebevoll einen Teller mit Mozzarella, Tomaten und frischem Basilikum. Oder wollen Sie lieber ein *misto* aus Salami, Schinken und Käse oder gar von allem etwas? Ein halber Liter Rosso oder Bianco rundet das Ganze ab, und man hat das Gefühl, an einem der schönsten Orte der Welt zu sitzen. ›La Terrazza da Renza‹, Via Vittorio Emanuele, 6, Tel. 017 36 29 09.

Einer der angenehmsten Aussichtspunkte im Piemont ist die Terrasse von Renza

räumigen, weiß gekachelten Bäder haben einen dunklen Steinboden. Das Highlight der meisten Zimmer ist natürlich der grandiose Ausblick von Balkon oder Terrasse. Es empfiehlt sich deshalb, immer nach einem Zimmer mit Langhe-Blick zu fragen.

Für Gäste, die etwas länger bleiben wollen, bietet sich auch eines der Appartements im Hause an. Vor dem Schlafzimmer befinden sich ein großer Wohnraum mit gemütlicher Sitzecke sowie ein großer Esstisch mit Kochgelegenheit. Auch die Appartements bieten einen grandiosen Ausblick. In der Enoteca des Hauses kann man jederzeit eine Flasche Wein aus der Region kaufen, um sie auf dem Balkon oder im Hof zu genießen. Das Frühstück mit den typischen Produkten der Region wird auch im Hof serviert. Käse, Schinken, Gebäck und Marmeladen sowie viel frisches Obst geben die richtige Stärkung für einen Ausflug in die bekannten Weinorte der Langhe, denn Barolo, Barbaresco und La Morra sind nur wenige Kilometer entfernt.

Restaurants: Gleich neben dem Hotel liegt das Restaurant ›Le Torri‹ (Tel. 017 36 29 30) das sehr beliebt ist, weil man hier draußen sitzen kann und einen fantastischen Ausblick auf die Hügel hat. Die Küche ist einfach, aber gut. Für den etwas größeren Hunger empfiehlt sich ein Menü im ›La Crota‹ (s. S. 107). Wer nur eine Kleinigkeit essen will, kehrt bei Renza ein (s. Tipp).

Besichtigungen: Ein lohnender Rundgang führt durch den alten **Ortskern** und um das mächtige Castello mit z. T. schönen Aussichtspunkten.

Ausflugstipps: Renata und Silvana organisieren Wanderungen und größere Ausflüge in die Umgebung, z. B. nach Saluzzo. Im Haus kann man Fahrräder leihen. Auf Nachfrage werden auch Besichtigungen verschiedener Weingüter organisiert.

Die Langhe

13
Hotel Savona

Karte: E 8
Via Roma, 1
12051 Alba
Tel. 01 73 44 04 40
Fax 01 73 36 43 12
Internet: www.hotelsavona.com
E-Mail: info@hotelsavona.com
Kreditkarten: alle gängigen
Ganzjährig geöffnet

Preise: EZ 64 €, DZ 96 €, Dreibettzimmer 125 €, Junior Suite 130 €, Frühstücksbuffet inkl.

Anfahrt: A 6 Richtung Savona, Ausfahrt Marene, über die SS 231 bis Alba, im Ort Richtung Stazione, ab da ist das Hotel ausgeschildert.

Das Hotel: Alba ist die Hauptstadt der Langhe, des Weines und der weißen Trüffel. Und der Geburtsort einer Köstlichkeit aus der Kirsche des Piemont, die von zarter Schokolade umhüllt und in alle Welt exportiert wird. Von der ersten Blüte der ›Citta delle cento torri‹ im Mittelalter künden noch heute die Geschlechtertürme. Eine zweite Blüte erlebte die Stadt ab dem Anfang des 19. Jh. als Metropole des Trüffelhandels und Touristenmagnet. Und daran ist Giacomo Morra, der ›Trüffelkönig‹ von Alba, nicht ganz unschuldig. Ihm und seiner Frau Teresa gehörte das ›Savona‹ zu Beginn des 20. Jh.

Das Hotel nahe der Piazza Savona wurde 1863 gegründet und war eines der ersten der Region, das über fließendes Wasser und einen Telefonanschluss verfügte. Auch heute findet man mit dem Satellitenfernseher eine technische Neuerung, die in der Region noch recht selten ist. Doch zurück zu Giacomo Morra, der nicht nur Hotelbesitzer, sondern zusammen mit dem Schriftsteller Beppe Fenoglio zum bedeutendsten Sohn der Stadt

Internationales Flair im Savona

werden sollte. Im Jahre 1929 veranstaltete er erstmals in Alba eine Trüffelmesse. Dass er sich dafür die Trüffel aus Asti besorgte, sollte man in Alba besser nicht erwähnen! Bald wurde eine ›Bella Trifolera‹ gewählt, und jährlich bekam eine bekannte Persönlichkeit den größten Trüffel der Saison geschenkt. Sonderzüge brachten die Menschen nach Alba, und dort wohnte man natürlich im ›Hotel Savona‹ an der Via Roma in unmittelbarer Nähe des Trüffelmarktes auf der Piazza Savona.

Das Hotel verfügt über 93 Zimmer und sieben Junior Suiten. Es strahlt eine besondere Grandezza aus, eine Erhabenheit der verflossenen Jahrzehnte, die auch im Eingangsbereich sichtbar wird. Hier herrscht kein Modernismus, sondern klassische Hotelarchitektur. Hinter der Rezeption findet der Durstige eine kleine Bar, die quasi rund um die Uhr geöffnet ist. Hier nimmt man gerne den letzten Schlummertrunk.

Zimmer und Suiten sind modern und komfortabel mit (Pay-)TV, Minibar und Klimaanlage ausgestattet, die Bäder sogar für Hydromassagen eingerichtet. Das hauseigene Restaurant bietet Platz auch für große Gruppen, die sich mit den typischen Gerichten der Langhe verwöhnen lassen möchten. Vor Jahren tat dies hier ein Mann namens Alfred Hitchcock.

Restaurants: Der Enoclub unter dem ›Café Umberto I‹ (piazza Savona, 4, Tel. 017 33 39 94) ist bei den Einheimischen sehr beliebt. Hier lagerte ›Trüffelkönig‹ Morra früher den Wein. Das Lokal ist angesagt, denn die Küche ist gut und die Weinauswahl entsprechend. Auch ›Dell'Arco‹ (s. S. 114) ist nur fünf Minuten entfernt. Um das

Tipp

Palio degli Asini

Anfang Oktober findet ein großer Umzug der verschiedenen Stadtviertel Albas statt, bei dem Hunderte von Menschen in historischen Kostümen auftreten. Den Höhepunkt des Festes bildet das Rennen um den Palio-Preis, das im Gegensatz zum großen Palio-Rennen in Asti nicht mit Pferden, sondern mit Eseln ausgetragen wird.

›Vicoletto‹ (Tel. 01 73 36 31 96) zu erreichen, muss man einen kleinen Spaziergang durch die Altstadt machen. Das Restaurant (ein Stern) bietet feine piemontesische Küche, die aber mitten in Alba auch ihren Preis hat.

Besichtigungen: Das Hotel organisiert kostenlos Besuche in verschiedenen **Weinbetrieben** und Führungen durch die ansässigen **Torrone-Produktionsstätten**. Das historische Zentrum von **Alba** mit seinen Geschlechtertürmen sowie die Kirche San Giovanni Battista mit ihren vielen Kunstwerken.

Ausflugstipps: Bra eignet sich gut für einen kleinen Einkaufsbummel. Der Ausblick vom **Castello di Santa Vittoria d'Alba,** nur wenige Kilometer von Alba auf der SS 231 in Richtung Bra entfernt, ist ein unbedingtes Muss.

Aktivitäten: Der Nachbarort **Cherasco** bietet auf einem großen Golfgelände direkt an der Haupteinfallstraße die Möglichkeit, sich sportlich zu betätigen.

14
Villa La Meridiana

Karte: E 8
Localita Altavilla, 9
12051 Alba
Tel. u. Fax 01 73 44 01 12
E-Mail: cascinareine@libero.it
Kreditkarten: keine
Ganzjährig geöffnet

Preise: DZ 80 €, Appartement 85 €, Frühstück inkl.

Anfahrt: Man nimmt von Alba aus die Straße Richtung Neive, Treiso, Barbaresco und fährt über die Bahnlinie hinweg den Berg hinauf. Fast oben angekommen, fährt man in einer scharfen Rechtskurve links in einen kleinen Weg, der die Auffahrt zum Haus bildet. Hier ist La Meridiana oder Cascina Reine ausgeschildert.

Das Hotel: Giuliana und Giuseppe Giacosa betreiben zusammen mit ihrem Sohn Andrea diese schöne Villa oberhalb von Alba als Agriturismo. Wenn man am schmiedeeisernen Tor geklingelt hat, öffnet es sich wie von Feenhand. Die parkähnliche Auffahrt zum Haus führt mitten ins Grüne von Laub- und Nadelbäumen. Ein wenig verwunschen, wie im Märchen, wirkt die Villa, die über dem Haupteingang die namensgebende Sonnenuhr zeigt. Mit dem Auto fährt man über knirschende Kieselsteine nach hinten in den riesigen Hof, wo Giuliana, die gute Seele des Hauses, jeden Gast warmherzig empfängt. Hinten ist die Villa ganz von Efeu bewachsen, und nur die Fenster lugen mit ihren weißen Rahmen hervor. Ein Zitronenbaum steht neben dem Eingang, der in den kleinen Empfangssalon führt. Alles ist sehr gemütlich mit vielen Kissen, Büchern, Zeitungen und Spielen eingerichtet. Man fühlt sich wie zu Hause. Neben dem Empfangsraum liegen Küche und Wohnzimmer der Besitzer. Hier wird gelebt – ein Haus der offenen Tür für alle.

Vor dem Eingang gibt es eine schöne Terrasse mit Stühlen, Tischen und Sonnenschirmen. Hier kann man etwas trinken oder lesen, und Giuliana und Giuseppe freuen sich, wenn sie mit den Gästen einen kleinen Plausch halten können. Die Sprache ist egal – man versteht sich und es wird viel gelacht. Die Terrasse ist sozusagen der Treff- und Mittelpunkt des ganzen Anwesens. Hier geht es ein und aus, und wenn man das Knirschen der Kieselsteine hört, fragt man sich: Aus welchem Land mag der nächste Gast wohl kommen?

Seit 1985 gibt es den Agriturismo, und seitdem haben sich hier schon viele Nationen getroffen. Dank der sehr offenherzigen Besitzer und der gemütlichen Atmosphäre des Hauses ist die Villa zu einer beliebten Unterkunft geworden. Die Lage hoch oben über Alba inmitten von Wald und Weinreben und die geringe Entfernung zum Ort – in fünf Minuten ist man in der Stadt – machen das La Meridiana zu einem idealen Standort. Das große Schwimmbecken neben dem Haus, die kleine romantische Gartenlaube für Verliebte sowie Tischtennis, Tischfußball und ein Fitnesstrainer in separaten Räumen im Hof machen das Glück des Gastes perfekt.

Zu den Zimmern führt vom Hof aus eine Treppe hinauf. In vielen Jahren hat Giuliana alte Möbel und Einrichtungsgegenstände zusammenge-

Hoch über Alba thront diese schöne Villa mitten im Park

tragen und die Zimmer damit fantasievoll eingerichtet. Man fühlt sich in alte Zeiten versetzt, wenn man die von Groß- und Urgroßmutter gesammelten Stücke betrachtet. Vier der fünf Doppelzimmer haben eine Terrasse. Der die Villa umgebende Garten steht den Gästen ganz zur Verfügung. Hier darf nach Herzenslust gespielt, gedöst, erzählt oder getrunken werden – Hauptsache man fühlt sich wohl.

Restaurants: Am schnellsten zu erreichen sind die Restaurants in Alba (s. S. 37, 114), aber auch die Fahrt nach Treiso (s. S. 104) oder nach Barbaresco (s. S. 102) lohnt sich, um die feine piemontesische Küche auf dem Lande zu genießen.

Besichtigungen: siehe ›Hotel Savona‹ S. 37.

Ausflugstipps: Von Alba aus führt die SS 29 direkt ins **Bormida-Tal.** Die 30 km lange Strecke braucht etwas Zeit, da sie kurvenreich bergauf und bergab ans Ziel führt. Aber die Reise lohnt sich, denn die Strecke ist landschaftlich sehr schön und vor allem für Motorradfahrer wegen der vielen Kurven sehr reizvoll. Im Bormida-Tal gibt es gute Möglichkeiten, zu Mittag zu essen (s. S. 124–128), um dann gestärkt die Heimreise nach Alba anzutreten.

Die Langhe

15
Antico Borgo del Riondino

Karte: E 8
Via die Fiori, 13
12050 Trezzo Tinella
Tel. u. Fax 01 73 63 03 13
Kreditkarten: alle gängigen
Geöffnet vom 1. März bis 15. Dezember

Preise: DZ 105 €, Frühstück inkl., Abendessen 36 € (ohne Getränke, nur mit Voranmeldung).

Anfahrt: In Alba fährt man Richtung Treiso oder Neive. Im Ortsteil Osteria geht es von der Hauptstraße rechts ab in Richtung Trezzo Tinella oder Neviglie. Ab Trezzo Tinella ist das Hotel gut ausgeschildert, es liegt oberhalb des Dorfes.

Das Hotel: Es war in den bewegten Jahren um 1968, als der Bankmanager Poncellini bei einem Sonntagsausflug das kleine mittelalterliche Borgo Riondino entdeckte. Die Ruhe und die fantastische Lage des Gutshofes begeisterten ihn und seine Freunde so sehr, dass sie das Anwesen kauften. Doch nach einigen Jahren kamen die Freunde seltener, nur Marco, der Sohn des Hauses, hatte sich in die fast klösterliche Abgeschiedenheit zurückgezogen. Er hatte Kunst und Architektur studiert und als anstand, den Hof zu einem Agritourismusbetrieb umzubauen, hatte er seine Aufgabe gefunden. Nach und nach wurden die Gebäude sorgsam restauriert.

›Riondino‹ verfügt heute über acht Zimmer, die alle sehr unterschiedlich sind, aber eines gemeinsam haben: eine gelungene Verbindung von Altem und Neuem. Mit Respekt vor der Würde des mittelalterlichen Gemäuers wurden moderne architektonische Ideen dort umgesetzt, wo es sinnvoll erschien. So findet sich z. B. im ›Francescana-Zimmer‹ ein Fenster, das winklig nach außen in den freien Raum ragt. Der Boden davor besteht aus naturbelassenem Fels. Daneben steht ein gemütliches Sofa. Wenige Stufen führen hinab in den Schlaftrakt und das Bad, das natürlich neu ist.

Die ›Camera di Profondi‹ gibt den Blick frei auf das gleichnamige Tal. Die kleine Suite ist in zwei Ebenen unterteilt. Der moderne kleine Kamin auf der unteren Ebene sorgt in der kalten Jahreszeit für wohlige Wärme. Über eine eiserne Wendeltreppe erreicht man den Schlafraum.

Die ›Camera della nonna‹ ist mit alten piemontesischen Möbeln des 18. Jh. ausgestattet. Die jüngst restaurierten Zimmer im gegenüberliegenden Gebäude sind ein Musterbeispiel moderner italienischer Innenarchitektur. Ein Teil der original erhaltenen Wand ist gezeichnet von der Patina der Jahrhunderte, während der Fußboden in Blautönen changiert. Kalk und gemahlener Stein wurden hier vereint und in traditioneller Technik verarbeitet. Überhaupt erkennt man an vielen Stellen des Hauses die Kunstbegeisterung seiner Bewohner. Marco Poncellini malte viele der ausgestellten Bilder mit natürlich gewonnenen Pigmenten und Weinstein.

Für die Bewirtung der Gäste ist seine Mutter Irene verantwortlich. Bis zu 20 Gäste kann sie mit den typischen Gerichten der Region bewirten, die wie so oft im Piemont alle hausgemacht sind. Wer den Weg in die umliegenden Restaurants scheut, kann am

Die Symbiose von Architektur und Natur verleiht den Zimmern ihren besonderen Reiz

Abend bei Kerzenlicht, klassischer Musik und prasselndem Kaminfeuer zusammen mit den Wirtsleuten das Abendessen (36 €) genießen. Dazu gibt es Wein, den Marco in der Cantina des Hauses selbst erzeugt hat: Dolcetto, Barbera und süßer Moskato Passito, der besonders gut zum Käse der Region mundet. Die Weine sind alle im ökologischen Anbau erzeugt. Den Respekt vor der Natur kann man auch auf den verschiedenen Wegen erfahren, die rund um das Borgo von Marco angelegt wurden. Wie ein Amphitheater umgeben Wald und Weinberge den mittelalterlichen Gutshof, dessen Ruhe in keinem Zimmer durch ein Telefon gestört wird.

Restaurants: ›Vecchio Tre Stelle‹ in Barbaresco (s. S. 102) und ›La Ciau del Tornavento‹ in Treiso (s. S. 104). Die ›Osteria dell'Unione‹ (Tel. 01 73 63 83 03) in Treiso bietet deftige piemontesische Küche, z. B. gefüllte Zwiebeln oder die typischen Omeletts. Einfache Gerichte in ländlichem Ambiente gibt es im ›Al Cappelletto‹ in Trezza Tinella (Tel.:01 73 63 01 04).

Aktivitäten: Es gibt sehr viele Wanderwege rund um das Agriturismo, der abgeschieden mitten in der Natur liegt. Im Nachbardorf bietet ein Schweizer geführte Pferdewanderungen an. Signora Poncellini führt auch Kräuterkurse durch.

Albergo Casa Beatrice

Karte: E 8
Via Umberto I, 26
12050 Neviglie (CN)
Tel. 01 73 63 03 59
Fax 01 73 63 03 77
Kreditkarten: keine
Geöffnet von Mitte März bis Mitte Dezember

Preise: DZ 90–95 €, Frühstück inkl.

Anfahrt: In Alba fährt man den Berg hinauf Richtung Neive. Im Ortsteil Osteria geht es von der Hauptstraße rechts ab Richtung Neviglie. Man folgt dieser Straße und findet die Casa Beatrice mitten im Ort (hier ist das Haus ausgeschildert).

Das Hotel: Die klassische Aussteiger-Geschichte hört man von Jacqueline und Thomas Märki, die dieses Haus Anfang 2004 übernommen haben. Beide begannen mit dem Erwerb dieses schönen Gästehauses ein neues Leben. Schon nach einem Jahr strahlen beide über ihren Erfolg mit alten und neuen Gästen in ihrem neuen Domizil. Das Haus wurde mittlerweile vollständig renoviert und mit neuen Möbeln eingerichtet. »Alles soll unsere Handschrift tragen«, erzählt Jacqueline und präsentiert stolz die hübsch eingerichteten Zimmer, die jetzt licht und hell geworden sind und ein südländisches Flair verbreiten. Neben dem Pool entstand ein Wintergarten, der als Aufenthalts- und Frühstücksraum fungiert. Vor allem in den Übergangszeiten wird er gerne genutzt, denn von hier

Nur selten hat man vom Pool aus einen solchen Ausblick

aus hat man einen grandiosen Blick auf die umliegenden Weinberge. Der Pool dient im Sommer der willkommenen Abkühlung oder als Ort des trägen Verweilens. Neviglie liegt schließlich 460 m hoch und trägt in der Region den Namen ›Balcone delle Langhe‹. Im Herbst, wenn sich die Blätter der Reben gelb und rot färben, bietet sich ein farbenprächtiges Panorama.

Den Albergo betritt man über einen großen Hof, in dem Tischgruppen zum Verweilen einladen. Schon die kleine Rezeption zeigt, dass man sich im Hause sehr um das Wohl der Gäste kümmert: Akkurat aufgereiht liegen unzählige Visitenkarten und Prospekte von Restaurants, Weinerzeugern, Enotheken, Sehenswürdigkeiten… Studieren kann man all dies im gemütlichen Aufenthaltsraum auf zwei modernen Sofas oder diversen Korbsesseln vor dem offenen Kamin. Ein paar Stufen führen hinab in den Wintergarten, in dem die Fotos an den Wänden Zeugnis ablegen vom Wirken des berühmten Grappa-Etikettenmalers (Bruno Levi) aus dem Nachbarort.

Alle Zimmer sind modern, hell und komfortabel ausgestattet. Die Nummer sechs ist auch für vier Personen geeignet, denn in einem separaten Raum, der nur über das Doppelzimmer zugänglich ist, steht noch ein Doppelbett. Ein Appartement mit eigenem Eingang und einer eigenen kleinen Terrasse befindet sich zwischen Pool und Innenhof. Der helle Frühstücksraum, dem das schwarze Mobiliar mit den weißen Tischdecken einen klassischen Anstrich verleiht, liegt hinter einer kleinen Terrasse, die zum Pool hinausführt.

Restaurants: das ›Ristorante Universo‹ in Cossano Belbo (Tel. 0 14 18 81 67) oder das ›Castello di Mango‹ im kleinen Dorf Mango (Tel. 0 14 18 91 41). Mitten in Barbaresco gibt es die Weinbar ›La Gibigianna‹. Hier kann man die Weine der Region verkosten und eine Kleinigkeit dazu essen, wenn man einen Platz ergattert hat, was vor allem in der Saison nicht immer gelingt (Tel. 01 73 63 53 05).

Ausflugstipps: In **Mondovì** ist vor allem der Ortsteil Piazza mit seinen Wach- und Glockentürmen sehenswert. Vom Aussichtsplatz Belvedere, der vom Stadtturm beherrscht wird, schweift der Blick über das ganze Piemont: von den Ligurischen Alpen bis zu den Seealpen und den Cottischen Alpen sowie vom Gran Paradiso zu den Bergen der Lombardei.

Kunsthistorisch bemerkenswert sind die Kathedrale San Donato, die Kirche S. Francesco Saverio, das Oratorium der S. Croce und der Bischofspalast, der bis zum 18. Jh. Sitz der Universität war. Mondovì ist bekannt für sein Kunsthandwerk, insbesondere für die eleganten, handbemalten Keramikwaren, die mit einem charakteristischen Hahn versehen sind.

Die großen Sektproduzenten in **Canelli** sind nicht weit entfernt. Nach Absprache sind Führungen und Degustationen möglich, z. B. bei Luigi Coppo, Contratto oder Gancia. Es empfiehlt sich auch bei schönem Wetter eine Rundreise über Canelli ins Bormida-Tal nach **Bubbio** und dann bis **Cortemilia**.

Aktivitäten: In Neviglie gibt es einen Tennisplatz. Die Golfplätze von Asti oder Cherasco sind etwa eine halbe Autostunde entfernt (s. S. 171).

Die Langhe

17
Cà San Ponzio

Karte: D 8
Via Rittane, 7 Frazione Vergne
12060 Barolo
Tel. u. Fax 01 73 56 05 10
Internet: www.holidaysol.it/ita/
casanponzio.htm
E-Mail: sanponzio@areacom.it
Kreditkarten: alle gängigen
Im Januar geschlossen

Preise: EZ 52 €, DZ 68 €, Frühstück 9 € pro Person.

Anfahrt: Autobahn Turin–Savona bis zur Ausfahrt Marene, dann Richtung Bra. Man fährt durch Roreto, biegt links ab Richtung Cherasco und im Tal rechts Richtung Dogliani. Von der Hauptstraße links abbiegen Richtung Vergne bzw. Barolo. Am Ortseingang führt rechts ein Weg hinauf zum Agriturismo, der ausgeschildert ist.

Das Hotel: Der Schutzheilige von Vergne gab diesem Gehöft seinen Namen. Die Brüder Luciano und Maurizio Bianco haben das verfallene Bauernhaus der Großeltern wieder aufgebaut und mit viel Liebe zum Detail restauriert und eingerichtet. Die alten Deckenbalken, das ursprüngliche Mauerwerk und das schmiedeeiserne Geländer am Balkon zeugen noch heute von der damaligen Zeit. »Wir wollten möglichst viel von der alten Substanz erhalten bzw. wiederherstellen«, erzählt Luciano stolz. Nach mehrjähriger Arbeit eröffnete er den Agriturismo im April 2001.

Das Haus liegt sehr ruhig, umgeben von Haselnussfeldern und Rebstöcken, etwas abseits des Barolo-Rummels.

Die Atmosphäre ist ländlich-beschaulich. Vor dem Haus gibt es einen großen Hof mit Rasen und überdachter Sitzmöglichkeit. Ein langer Balkon, geschmückt mit Kästen voll bunter Blumen, läuft oben am L-förmigen Haus entlang und führt zu den einzelnen Zimmern. Der kleine gemütliche Empfangsraum gibt dem Gast das Gefühl von Geborgenheit, und man erwartet unweigerlich die alte Großmutter, die in ihrem Stuhl sitzt.

Acht Doppelzimmer, zu denen man über eine Treppe geleitet wird, erwarten die Gäste. Ein ortsansässiger Maler hat die Bilder im Flur und in den Zimmern gemalt, die die typische Landschaft der Langhe zeigen. Die Decken sind aus Ziegelsteinen gemauert, die Böden in zwei Zimmern mit Parkett, in den anderen mit Terrakotta ausgelegt, ebenso die weiß gekachelten neuen Bäder. Blümchenfarbene Stoffe schmücken die schmiedeeisernen Betten. Die Zimmer oben öffnen sich zum Innenhof. Man kann von jedem Zimmer auf den umlaufenden Balkon gehen. Das ideale Familienzimmer mit viel Platz zum Wohlfühlen ist die Nr. 6. Hier gibt es außer dem Doppelbett auf einer Galerie noch zwei einzelne Betten, die man über eine kleine Holztreppe erreicht. Die Wände sind ockerfarben angestrichen und geben dem Raum dadurch etwas Warmes. Steindecken und Steinfußboden erhalten jedoch eine angenehme Kühle in den Zimmern.

Die hellen Farben der Stoffe und der Wände bilden eine gute Ergänzung zu den alten liebevoll restaurierten Holzmöbeln. In Bauweise und

Den Tag ausklingen lassen mit einem
Glas Barolo am prasselnden Kaminfeuer

Einrichtung wurde auf die Einhaltung ökologischer Standards Wert gelegt, denn hier lebt man im Einklang mit der Natur. Unten liegt neben der Küche die Cantina, in der man die Weine der Region probieren und selbstverständlich auch kaufen kann. Hinter der Cantina sitzt man unter Haselnussbäumen im Freien. Von allen Zimmern des Hauses blickt man ins Grüne, sei es auf Maisfelder, Haselnussbäume oder die umliegenden Weinberge. Neben dem vielen Grün trägt die ruhige Lage des Hauses zur abendlichen Entspannung bei, wenn man von einer Tour über die Hügel oder einer Wanderung hierher zurückkehrt. Für Barolo-Besucher ist hier der ideale Wohnort.

Restaurants: ›La Cantinella‹ bietet typische Gerichte zu angenehmen Preisen (s. S. 108). In Vergne selbst kann man in der Osteria ›L'Ostu d'Vergne‹ (Tel. 017 37 71 94) einfach und gut essen. Besonders interessant und bei vielen Einheimischen sehr beliebt ist die Trattoria ›Nonna Genia‹ (Tel. 01 73 26 24 10) in Grinzane Cavour zwischen Verduno und Marengo. Hier kommen die klassischen Speisen auf den Tisch wie *vitello tonnato* oder Kaninchen in Weinsauce.

Besichtigungen: Das **Castello** von Barolo mit der Enoteca.

Ausflugstipp: Nach **La Morra** (s. S. 47).

Die Langhe

18
Villa Carita

Karte: D 8
Via Roma, 105
12064 La Morra
Tel. 01 73 50 96 33
Kreditkarten: keine
Im Januar und Februar geschlossen

Preise: DZ 115 €, Suite 140 €, Frühstück inkl.

Anfahrt: Man fährt von La Morra Richtung Barolo und findet das Haus am Ortsausgang auf der linken Seite.

Das Hotel: Eher unscheinbar wirkt das grau verputzte Haus. Aber hinter der Fassade verbirgt sich ein wahres Schmuckkästlein. Carita Strandmann empfängt die Gäste persönlich und freut sich über ihr Staunen, wenn sie den atemraubenden Ausblick von der Villa aus entdecken. Seit über zwei Jahrzehnten lebt die Finnin der Liebe wegen schon in Italien, viele Jahre in Turin, bis sie Lust verspürte, auf dem Land zu leben und zu arbeiten. Als sie sich mit ihrem Mann auf die Suche nach einem geeigneten Objekt machte, führte ihr Weg sie auch nach La Morra, wo die alte Cantina von Voerzio zum Verkauf stand. An dieser wunderschönen Stelle inmitten des berühmten Voerzio-Weinbergs ›Ciabot della Luna‹ sollte nun das neue Domizil mit Agriturismo entstehen. Nach dreijähriger Restaurierung von Wohngebäude und Cantina wurde die luxuriöse Übernachtungsmöglichkeit im Januar 2000 eröffnet.

Es gibt vier Doppelzimmer und eine Suite. Alle Zimmer und die Suite erreicht man über einen Kiesweg vom Parkplatz oder vom Garten aus. Sie liegen unterhalb der großen Terrasse hinter dem Haus. Hier unten ist es besonders ruhig, alle Zimmer haben einen Zugang zum Weinberg, der direkt hinter dem Haus liegt. Zu jedem

Im Weinberg sitzen und den Blick auf La Morra genießen

Zimmer gehört ein Tisch mit zwei bequemen Stühlen im Freien. Hier genießt man den schönsten Ausblick auf La Morra und die umliegenden Hügel.

Die Zimmer sind mit wertvollen goldfarbenen Stoffen an Fenstern und auf den Betten ausgestattet. In jedem Zimmer gibt es einen kleinen Sekretär, zwei Stühle oder Sessel und einen restaurierten Holzschrank. Ein heller Steinboden und eine gewellte Decke aus Ziegelsteinen geben dem Raum die nötige Kühle, die mit den warmen Farben der Stoffe gut harmoniert. Alle Zimmer im oberen Haus haben einen kleinen Balkon, jedoch bieten der grüne Garten und die riesige Terrasse genug Möglichkeiten, sich im Freien aufzuhalten.

Die Suite ist das größte Zimmer mit gepolsterter Sitzecke und geräumigem Bad, das wie alle anderen Bäder mit Steinboden und hellen pastellfarbenen Kacheln ausgestattet ist. Gleich hinter dem Eingang des Hauses befindet sich ein paar Stufen tiefer der Frühstücksraum. Er ist mit restaurierten Möbeln eingerichtet. An den weißen Wänden hängen wenige, aber gut ausgewählte Bilder, die zum alten Mobiliar passen. Es ist auffallend, dass die Zimmer nicht überladen wirken, sondern dass dem Gast viel Raum gelassen wird, sich hier gemütlich auszubreiten. Ein angenehmer Aufenthalt in niveauvollem Ambiente ist dem Reisenden in diesem schönen Haus garantiert.

Restaurants: Empfehlenswert ist die ›Osteria del Vignaiolo‹ im Ortsteil Santa Maria (Tel. 017 35 03 35) mit regionaltypischen Speisen und guter Weinkarte. ›Osteria Veglio‹ in La Morra (s. S. 106) sowie die Klassiker ›Bel Sit‹ (Tel. 017 35 03 50) und ›La Crota‹ (s. S. 107).

Besichtigungen: In **La Morra** gibt es neben dem Ristorante ›Belvedere‹ den schönsten Ausblick über die Langhe. Der alte Ortskern mit der prächtigen Pfarrkirche San Martino, der **Piazza Castello** und der ›Cantina Communale‹ (s. S. 144) sind sehr sehenswert. Klein, aber fein anzusehen ist das **Museum Ratti** im Ortsteil Annunziata. Es befindet sich in den Kellern des Benediktinerklosters und zeigt anschaulich die Geschichte des Weinbaus in der Langhe.

Ausflugstipps: Reizvoll ist ein Ausflug von La Morra in das jenseits des Tanaro gelegene Roero. Vor allem an Wochenenden und an Festtagen ist es voll in La Morra und sehr angenehm ruhig im nahen Roero-Gebiet, z. B. in **Castellinaldo.**

Tipp

Vinbar La Morra

Die älteste Weinbar des Piemont liegt mitten in La Morra an der Via Roma 46. Die Patina an den Wänden und um den alten Tresen zeugt von erlebnisreichen Jahren des beliebten Treffpunktes von Einheimischen und Touristen. Kleine *stuzzucchini* werden zum Wein gereicht, wer mehr essen möchte, kann aus dem riesigen Angebot eine Auswahl köstlicher heimischer Käse bestellen, die Marisa Montanaro, die gute Seele der Bar, ihren Gästen ganz besonders nahe bringen möchte (8–20 Uhr, Mi geschl.).

19
Cascina Gabriela

Karte: D 8
Borgata Giacchelli, 17
12063 Dogliani
Tel. 01 73 79 72 43
Internet: www.cascinagabriela.com
E-Mail: cascina.gabriela@libero.it
Kreditkarten: keine
Ganzjährig geöffnet

Preise: DZ 78 € inkl. Frühstück, Appartements 76–86 € (Endreinigung 40 €).

Anfahrt: Von Dogliani fährt man Richtung Belvedere Langhe, Murazzano ca. 4 km bis zur Straßenmarkierung 52/VIII, dort rechts abbiegen, nach der Kapelle links abbiegen bis zu den ersten beiden Häusern nach 100 m auf der linken Seite.

Das Hotel: Der Ausblick auf die schneebedeckten Alpengipfel, die sich über den grünen Hügeln der Langhe erheben, ist von hier oben atemberaubend. Man wähnt sich mitten in einer Ansichtskarte, wenn man bei Rene und Silvia Werneburg umgeben von Wald und Weinreben in rund 550 m Höhe im Garten steht und in das Tal des Tanaro blickt. ›Natur pur‹ – das war für die beiden Schweizer ein wichtiger Grund, ihr Domizil und die dazugehörige Pension an diesem Ort einzurichten. »Wir lieben den Kontakt zu Menschen und wollten selbstständig und in angenehmer Umgebung arbeiten«, erklären die beiden. Außer ihrem Haus und dem benachbarten Bauernhof gibt es hier nichts, nur viel Ruhe und viel Grün. Ein kleiner Weg führt vom Haus aus etwa 200 m bis zur Straße, die ins 4 km entfernte Dogliani hinabführt.

1996 haben die Werneburgs den alten piemontesischen Bauernhof gekauft. Mit viel persönlichem Einsatz haben sie die Gebäude ausgebaut und renoviert und mit Heizung, Sonnenkollektoren und modernen sanitären Einrichtungen ausgestattet. Entstanden sind zwei ganz unterschiedliche geschmackvoll eingerichtete Häuser, auf die sich fünf Doppelzimmer und zwei Appartements verteilen. In dem modern gestalteten braunen Steinhaus mit den großen Fenstern befinden sich außerdem noch ein Frühstücks-, ein Aufenthaltsraum mit Kamin und ein Fernsehraum.

Das zweite Haus leuchtet weiß mit blauen Fensterläden – fast provenzalisch. Hier befindet sich die ›Camera Rossa‹ mit alter Backsteindecke und altem Terrakottaboden. Das schmiedeeiserne Bett thront mitten im Raum, das Rosa und Weiß von Bettwäsche und Stoffen ergänzen wunderbar das leuchtende Rot der Decke. Alle Zimmer sind hell und farblich unterschiedlich gestaltet. Die allgemeinen Räume sind mit sehr viel Holz versehen und verbreiten eine wohlige und gemütliche Atmosphäre. Zu jedem der beiden Häuser gehört eine große Terrasse, etwas unterhalb schließt sich die Liegewiese an, die bei Sonne auch Schatten bietet, denn hier am Sonnenhang kann es ganz schön heiß werden. Der große parkähnliche Garten bietet genügend Platz, sich in Ruhe zurückzuziehen, und wer das Neueste aus der Welt erfahren will, kann sich per Satellitenfernseher informieren. Auch der Nachschub für das allabendliche Fläschchen Wein kann hier nicht ausgehen, denn Rene Werneburg besitzt 2 ha Rebfläche.

Die Gäste kommen hierher, um diesen herrlichen Platz an der Sonne inmitten der Natur zu genießen. Und ihnen soll es an nichts fehlen, »sie sollen sich wie zu Hause fühlen«, betont Silvia, die zum Frühstück gerne selbst gekochte Marmeladen und frisch gebackenes Brot serviert.

Restaurants: Die typische Küche der Region, *misto di carru* (gemischtes Fleisch mit verschiedenen Saucen), oder *fritto misto* (gemischte frittierte Gemüse oder Fische) bekommt man in der traditionsreichen Trattoria ›Vascello d'Oro‹ im nahe gelegenen Carru (Tel. 017 37 54 78). Wer nicht weit fahren will, besucht das ›Ristorante Le Lune die Barroeri‹ in Dogliani, Ortsteil Barroeri (Tel. 01 73 73 60 12). Ebenfalls in Dogliani findet man im Restaurant ›Il verso del Ghiottone‹ eine erstklassige Küche, netten Service und angemessene Preise (Tel. 01 73 74 20 74, Via demagistris 5). Eine Stunde entfernt liegt in Boves der Schlemmertempel ›Rododendro‹ von Maria Barale (Tel. 01 71 38 03 72).

Ausflugstipps: Zum Wallfahrtsort **Santuario di Vicoforte**, südöstlich von Mondovi. Von Dogliani ist die Küste sehr schnell über die Autobahn zu erreichen. Die Hausherren empfehlen einen Tagesausflug nach **Noli** oder in die kleine Hafenstadt **Savona**. Wer lieber in der Langhe bleibt, kann eine Rundreise über Murazzano und San Benedetto Belbo durchs **Belbo-Tal** bis Santo Stefano Belbo und Canelli machen. Von hier geht es über Cassinasco und Bubbio durchs **Bormida-Tal** über Cortemilia zurück bis Gabutti und dann auf die SS 661 bis Murazzano.

Der Frühstücksraum, von Licht durchflutet

Die Langhe

20
Agriturismo Le Arcate

Karte: E 8
Localita Gabutto, 2
12050 Sinio
Tel. u. Fax 01 73 61 31 52
Kreditkarten: alle gängigen
Ganzjährig geöffnet

Preise: EZ 35 €, DZ 62 €, Frühstück inkl., Halbpension 48 € pro Person.

Anfahrt: Von Alba über den Corso Europa bis zur Ausfahrt Gallo d'Alba. Von der Hauptstraße durch Gallo d'Alba links ab nach Sinio. Man folgt dieser Straße und biegt in Sinio links ab zum Ortsteil Gabutto, der hoch über dem Dorf liegt. Le Arcate ist der erste Hof im Ort. Man erkennt ihn bereits von unten an den großen Bogenfenstern.

Das Hotel: Man hat das Gefühl, in den Himmel zu fahren, wenn man sich Le Arcate nähert, das in 500 m Höhe oberhalb von Sinio inmitten von Weinfeldern und Haselnussgärten liegt. Im unteren Teil des großen Hofes der Familie Manzone befinden sich die Cantina und eine Halle für die Arbeitsgeräte, darüber ihre Wohnräume. Der alte Stall links daneben wurde komplett renoviert, hier befinden sich die sieben Doppelzimmer.

Licht und Raum sind die wichtigsten Gestaltungselemente im neuen Haus. Wahrzeichen sind die großen Fenster mit Rundbögen, die dem Haus seinen Namen geben. Zwei Zimmer sind vom Hof aus zugänglich. Vor ihren Eingängen lässt sich eine große Markise ausfahren, die der kleinen Terrasse genügend Schatten spendet. Die fünf anderen Zimmer erreicht man über den Flur im Haupthaus. Der Treppenaufgang aus Stein ist breit und

In den geräumigen Zimmern im Le Arcate kann man die Ruhe des Ortes voll auskosten

in hellen Farben gestrichen und endet in einem weitläufigen Flur im ersten Stock. Hier befinden sich fünf Doppelzimmer, die von der Einrichtung her sehr ähnlich sind. Unifarbene Stoffe an Fenstern und auf den Betten harmonieren gut mit den alten Möbeln aus dunklem Holz und dem braunen Steinfußboden. Die weiß gestrichenen Wände ergänzen die Atmosphäre von eleganter Einfachheit und Klarheit. Die Zimmer sind nicht überladen mit Mobiliar, aber trotzdem schön und gemütlich. Die neuen Bäder sind ebenso geräumig und hell wie die Zimmer. Der größte Luxus besteht aus den großen Fenstern und den an alle Zimmer angrenzenden Balkonen. Die Aussicht ist unbeschreiblich, vom Balkon aus hat man das Gefühl, zu fliegen, wenn man über die Hügel der Langhe schaut.

Grandios ist neben dem Blick auf die vielen Castelli der umliegenden Dörfer auch die Ruhe, die hier oben herrscht – der rechte Ort, sich zu entspannen und neue Kraft zu tanken. Im Erdgeschoss des Hauses serviert Silvana morgens ihre hausgemachten Spezialitäten persönlich am Frühstückstisch. Und wer abends müde von einer Tagestour zurückkehrt, kann hier eine typische piemontesische Mahlzeit zu sich nehmen. Abends dient der Frühstücksraum als Restaurant, und so sitzen oft Einheimische und Touristen zusammen und genießen den Wein der Region, den Silvana und ihr Mann selbst produzieren. Zu Dolcetto, Barbera und Nebbiolo schmecken die frischen Haselnusskerne, die Silvana stolz anbietet, besonders gut.

Restaurants: Albaretto della Torre ist nicht weit von Sinio entfernt und lockt mit der von vielen geschätzten Küche von Cesare (Tel. 01 73 52 01 41). Auch ›La Coccinella‹ in Serravalle Langhe lohnt einen Ausflug (s. S. 105).

Ausflugstipps: Nach **Serralunga** mit einer der schönsten Burgen der Region. Zu der kleinen Wallfahrtskirche in **Fontanafredda**. Eine Besichtigung der ehemals königlichen Weinkellereien Fontanafredda ist nach Voranmeldung möglich (s. S. 155).

Aktivitäten: Im Haus kann man Fahrräder leihen. Es werden geführte Wanderungen durch die Weinberge angeboten. Im Nachbarort Lequio Berria (ca. 5 km entfernt) kann man Pferde leihen.

Tipp

Torrone

Auch wenn Cremona die Geburtsstadt des *torrone* (weißer Nougat mit Haselnüssen) sein soll, wo diese Süßigkeit angeblich anlässlich einer Hochzeit im 15. Jh. erfunden wurde, ist seine Herstellung im Piemont ebenso traditionsreich, denn Haselnüsse gab es hier scheinbar schon immer. Und der kreative Umgang mit den Nüssen findet nicht nur hier seinen Niederschlag. Einer der Vorteile des Torrone ist, dass er lange aufbewahrt werden kann, ohne dabei seinen guten Geschmack zu verlieren.

Sehr interessant ist eine Führung durch den Betrieb **Torrone Martino** in Sinio. Degustation und Kauf sind möglich. Terminvereinbarung im Agriturismo.

21

Hotel
La Corte Albertina

Karte: D 8
Piazza V. Emanuele, 3 – Via Amedeo
di Savoia, 8
12060 Pollenzo (CN)
Tel. 01 72 45 84 10
Fax 01 72 45 89 21
Internet: www.lacortealbertina.it
E-Mail: info@lacortealbertina.it
Kreditkarten: alle gängigen
Ganzjährig geöffnet

Preise: EZ 95 €, DZ 113–129 €, Junior-Suiten 144 €, bewachter Parkplatz im Innenhof.

Anfahrt: Von Alba aus die SS 231 in Richtung Bra und hinter Cinzano links ab Richtung Pollenzo. Am Kreisverkehr geht es rechts in Richtung *centro storico*, das sich an der Kirche befindet. Der Beschilderung zum Hotel folgen.

Das Hotel: Im *centro storico* an der alten Piazza befindet sich direkt neben dem Castello der neue Sitz der Slowfood-Bewegung. Hier sollen Köche, Önologen, Gastronomen – eben alle, die etwas mit Essen und Trinken zu tun haben, ausgebildet werden. Bereits seit einigen Jahren gibt es bei der Kirche das Ristorante Corte Albertina. Im großen Hof neben dem Restaurant entstand nun das gleichnamige Hotel unter einem anderen Besitzer. Den Namen für beide Häuser gab der Savoyer König Carlo Alberto ab, der im 19. Jh. hier seine bevorzugte Residenz wählte. Er ließ die schönen Gebäude im neugotischen Stil um die Piazza erbauen und wollte hier sein kleines savoyardisches Versailles errichten.

Eines dieser Gebäude war das Gut Albertina. Das Fabrikantenehepaar Mariangela und Angelo Domini aus Alba kauften das Gebäude 1988, nachdem Freunde im Hof mehrfach Feste gefeiert und sie auf das schöne, aber zerfallene Gebäude aufmerksam gemacht hatten. »Zunächst wollten wir hier ein paar Zimmer einrichten für unsere ganze Familie,« erzählt Mariangela, »aber niemand wollte so recht mit aufs Land ziehen in die Abgeschiedenheit des Dorfes. Also haben wir uns entschlossen, ein Hotel zu machen.« Ein sehr guter Entschluss, kann man dazu nur sagen, wenn man die wunderschönen Zimmer in diesem prächtig renovierten Gutshof sieht. Mariangela und ihr Mann sind leidenschaftliche Antiquitätensammler und große Liebhaber alter Möbel. Jetzt haben sie genügend Raum, um alles gebührend ausstellen zu können.

Vom großen Empfangsraum aus gelangt man links über eine Treppe in die Zimmer im Obergeschoss. Oben rechts befindet sich die Suite des Hauses. Das große Doppelbett wird eingerahmt von zwei verschiedenen Sitzecken. Die eine ist mit dicken Polstermöbeln ausgestattet, die andere mit kleinem Tisch und zwei Stühlen. Ein großer Raum also mit einem ebenso geräumigen Bad. An der Suite vorbei gelangt man auf einen langen Flur, der sich wie ein langer überdachter Balkon zur Hofseite hin öffnet. Zur anderen Seite liegen die Zimmer, die alle mit Minibar, Fernseher und Tresor ausgestattet sind. Am Ende dieses Ganges führt eine Treppe hinunter in den Frühstücksraum, der sehr groß

Der festlich geschmückte Frühstücksraum

und mit Blumen farbenprächtig dekoriert ist. Die regionaltypischen Produkte werden auf einem Buffet präsentiert, das sich durch die Vielfalt der frischen Früchte auszeichnet. Die Einrichtung des ganzen Hauses ist elegant und fein – fast möchte man sagen edel. Die Böden sind aus ungeschliffenem Marmor in hellen Farben gehalten. Edle Stoffe und die alten liebevoll gesammelten Möbel tun das Übrige für eine gehobene Atmosphäre in diesem Haus. Es ist ein Genuss, die perfekte Harmonie von Neuem und Altem im Corte Albertina zu erleben, das nicht die typische Hotelatmosphäre verbreitet, sondern das Flair eines schönen Landsitzes.

Restaurants: Gleich nebenan befindet sich das gleichnamige Restaurant, das schon seit Jahren gut bewertet ist und gehobene piemontesische Küche in angenehmem Ambiente bietet. Das ›Al Castello‹ in Santa Vittoria d'Alba (s. S. 55), dessen Turm man von Pollenzo aus sehen kann.

Besichtigungen: Die mittelalterlichen königlichen Gebäude rund um die **Piazza,** die von dem Savoyer König Alberto erbaut wurden. Die alte Kirche **San Vittore** gleich neben dem Hotel. Die Pfeiler der alten Brücke **Ponte Carlo Alberto.**

Ausflugstipps: Das hübsche Städtchen **Cherasco** im Südwesten von Pollenzo ist für die Schneckenzucht bekannt und entsprechend beliebt bei Feinschmeckern. Wer für die kleinen Tierchen nicht so viel übrig hat, der findet in Cherasco viele Antiquitätenmärkte und Geschäfte. Auch alte Bücher werden hier gehandelt. Ins Schloss von **Grinzane Cavour** lohnt ein Ausflug, um die Enoteca Regionale zu besuchen.

Das Roero

22
Castello di Santa Vittoria d'Alba

Karte: D 8
Via Cagna, 4
12069 Santa Vittoria d'Alba
Tel. 01 72 47 81 98
Fax 01 72 47 84 65
Internet: www.santavittoria.org
E-Mail: hotelcastello@santavittoria.org
Kreditkarten: alle gängigen
Ganzjährig geöffnet

Preise: EZ 85 €, DZ 130 €, Frühstück inkl., Halbpension: 28 € extra pro Person im DZ, Dreibettzimmer 140 €.

Anfahrt: Über die SS 231 von Alba Richtung Bra. Hinter Cinzano führt eine Straße links nach Pollenzo und rechts den Berg hinauf nach Santa Vittoria (großer Schuhladen an der Abzweigung). Auf dem Berg biegt man kurz vor dem Ortsschild scharf rechts ab und folgt dem Straßenverlauf. Hier ist das ›Castello‹ ausgeschildert.

Das Hotel: Egal aus welcher Richtung man kommt – schon von weitem erblickt man den markanten Turm des Castello di Santa Vittoria hoch oben auf dem Hügel. Im Turmgebäude befindet sich das Restaurant mit großer Panoramaterrasse, links davor das Hotel, dessen rote Farbe einen schönen Kontrast zum üppigen Grün des umliegenden Gartens abgibt. Der Swimmingpool liegt etwas unterhalb des Hotels, von hier eröffnen sich ebenso wie vom übrigen Gelände aus die schönsten Aussichten des Roero. Man thront in dieser grünen Oase über allem und schaut hinunter auf

Tipp

Agriturismo Cascina Valdispinso

Die Familie Chiarlone hat in einem großen Park neben eigener Cantina und Wohnhaus ein kleines Schatzkästlein geschaffen. Zwei Doppelzimmer, ein Miniappartement für vier Personen und ein großes Appartement mit zwei Schlafzimmern wurden mit viel Liebe zum Detail eingerichtet und nach bekannten Weinen der Region benannt. Auf dem Hof kann man Pferde leihen (1 Std. 18 €) oder eine Rundfahrt mit der Kutsche machen (25 €).
Cascina Valdispinso, Santa Vittoria d'Alba, Tel. 01 72 47 83 08, Fax 01 72 47 84 65, E-Mail: Valdispinso@santavittoria.org, alle gängigen Kreditkarten, Januar geschlossen, DZ 105 € inkl. Frühstück, Dreibettzimmer 120 €, Vierbettzimmer 130 €.

die Hügel der Langhe – ein atemberaubendes Gefühl.

Der Salon im Eingangsbereich ist mit braunen Ledermöbeln eingerichtet. Hier kann man fernsehen, lesen oder einen Drink genießen. Über ein helles Marmortreppenhaus kommt man in die Zimmer, die alle sehr ähnlich mit schweren hellen Stoffen ausgestattet sind. Alle Zimmer haben einen kleinen Balkon mit Blick auf die Langhe oder zum Garten. Das schönste und größte Zimmer ist die ›Camera familiale‹ mit zwei großen Betten, einer kleinen Sitzecke und einem geräumigen Bad, das mit hellen Kacheln und Steinboden sehr geschmackvoll eingerichtet ist. Der Balkon dieses Zimmers führt auf den Garten hinaus. Man sitzt hier etwas abgetrennt von allen anderen Balkonen und Zimmern.

Die Lage des Hotels am Ende der Straße, umgeben von Wald und Garten, garantiert einen besonders ruhigen Aufenthalt. Wer nicht am Buffet frühstücken will, kann sich das Frühstück auch aufs Zimmer bringen lassen. Das Castello war ursprünglich der Sitz der Marchese di Saluzzo. Anfang der 1970er Jahre wurde es als erstes Hotel der Region eröffnet und zunächst nur von italienischen Gästen aus den umliegenden Städten besucht. Heute wird das Haus von einer Gesellschaft geführt, die aus vier Personen besteht. Mauro Prino empfängt die Gäste sehr herzlich und freut sich, wenn er mal wieder ein wenig deutsch sprechen kann.

Restaurants: Das zum Hotel gehörige Restaurant bietet gehobene Piemonteser Küche in sehr angenehmer Atmosphäre. In der warmen Jahreszeit kann man draußen sitzen, in der kühleren Jahreszeit speist man in einem prächtigen alten Speiseraum im ersten Stock. Etwas einfacher isst man in der Trattoria ›Tre Ruote‹ im Nachbarort Monticello d'Alba (Tel. 017 36 42 13). Gehobene Küche genießt man im selben Ort im ›Conti Roero‹ (s. S. 119). In Cinzano an der SS 231 gibt es die beiden Ristorante ›Muscatel‹ (Tel. 01 72 47 82 37) und ›Betulle‹ (Tel. 01 72 47 84 37) mit einfacher und bodenständiger Küche.

Besichtigungen: Die Pfarrkirche **Assunta** sowie die Kirche der **Confraternita di San Francesco** aus dem 15. Jh. mit ihren alten Fresken.

Ausflugstipps: Zum Bummeln ins nahe gelegene **Bra** oder nach **Alba**. Nach **Monticello d'Alba** zum Kastell aus dem 11. Jh. Die kleinen Wälder im Süden von **Corneliano d'Alba** laden ein zu schönen Spaziergängen.

Eine willkommene Abkühlung findet man im Pool nach einer Tour durch das Roero

23
Agriturismo Il Tiglio

Karte: E 8
Via Osteria 12
12050 Guarene
Tel. u. Fax 01 73 61 13 87
Kreditkarten: keine
Ganzjährig geöffnet

Preise: EZ 50 €, DZ 65 €, Appartement 75 €, Frühstück 5 €

Anfahrt: Von Alba kommend fährt man auf die SS 231 Richtung Asti und biegt hinter dem Kreisverkehr am Motel Alba links ab. Ab hier ist ›Il Tiglio‹ ausgeschildert. Parkplatz hinter dem Haus.

Das Hotel: Fast jeder, der ›Il Tiglio‹ sucht, landet in dem schönen Ort Guarene auf einem der Hügel des Roero und fragt spätestens auf der Piazza jemanden nach dem Agriturismo. Mit etwas Glück wird man dann von einem der Dorfbewohner zur Einfahrt gebracht. Das Haus liegt in der Ebene unterhalb von Guarene im Ortsteil Osteria, umgeben von Weinreben und Obstplantagen. Neben Trauben werden hier Aprikosen, Nüsse und die berühmten Birnen von Madernassa geerntet.

Gemma und Bruno empfangen ihre Gäste aus aller Herren Länder mit großer Herzlichkeit. Zum Willkommen wird man in den Empfangsraum geführt und bekommt zur Erfrischung ein Glas Wein oder einen *caffè*. Schon der Hof vor dem Haus deutet darauf hin, dass hier großzügig mit Platz umgegangen wird. Ein Teil des Hofes ist überdacht und mit Tischen und Stühlen ausgestattet.

Der alte Bauernhof wurde komplett restauriert und Stein um Stein wieder neu aufgebaut. Es entstand ein prächtiges großes Backsteingebäude mit dunkelgrünen Fensterläden und kleinen Balkonen vor jedem der sieben Doppelzimmer und zwei Appartements. Sämtliche Zimmer haben hell gekachelte Böden, zwei Betten sowie helle neue Bäder und sind ohne viel Schnörkel, aber mit sehr viel Platz gestaltet. Das Zimmer Nr. 5 ist behindertengerecht ausgestattet und hat einen direkten Zugang zum Hof.

Raum und Licht sind die typischen Gestaltungsmerkmale dieses Hauses, die den Aufenthalt besonders angenehm machen. Die weißen Wände und hellen Kacheln geben einen gu-

*Il tiglio, die Linde,
gab dem Haus ihren Namen*

tina, ein schöner alter Gewölbekeller, in dem die Weine des Hauses neben anderen Produkten aus der Region ausgestellt sind. Wie die meisten Häuser im Piemonteser Land hat auch Bruno eigene Weinreben, die er bewirtschaftet. Den Wein daraus lässt er von einem befreundeten Winzer machen. Bei einem Gläschen eigener Ernte träumt er gern von seinen Zukunftsplänen: einem Tennisplatz und einem Schwimmbad.

ten Kontrast für die alten dunklen Holzschränke, die mit viel Liebe restauriert hier wieder zur Geltung kommen. Eine alte Presse aus Holz ziert den Treppenaufgang im rechten Teil des Hauses. Während des Zweiten Weltkrieges wurde die stetige Zufuhr von Olivenöl aus Ligurien für mehrere Jahre unterbrochen, und so presste man hier in der Not Haselnüsse, um daraus Öl zu gewinnen.

Das Frühstück wird unten im großen Empfangsraum serviert, der auch als Aufenthaltsraum genutzt werden kann. Für die Gäste liegen hier Führer und Broschüren mit Informationen über die Sehenswürdigkeiten der Region bereit. Hinter diesem Raum liegt die geräumige Can-

Restaurants: An der kleinen Piazza direkt am Ortseingang von Guarene liegt das ›Miralanghe‹ (Tel. 01 73 61 11 94), das, wie der Name schon sagt, einen herrlichen Panoramablick auf den Tanaro und die Langhe bietet. Die Küche ist gut und preiswert, der Service sehr freundlich. Die ganz besondere Atmosphäre im ›Ostu di Djun‹ (s. S. 118) lockt nach Castagnito, das Nachbardorf von Guarene.

Besichtigungen: Das prächtige **Castello** von Guarene, das man schon von ferne sieht, mit seinen schönen Parkanlagen. Im Sommer werden hier klassische Konzerte unterm Sternenhimmel veranstaltet. Romantisch ist auch ein Spaziergang durch die kleinen Gassen des Ortes mit seinen mittelalterlichen Gebäuden.

Ausflugstipps: Ins nahe gelegene **Alba** zum Einkaufsbummel oder auf den Markt. Zum Castello von **Castellinaldo**, das einen herrlichen Ausblick auf das Roero bietet. Zum Bummel durch **Canale** mit seinen schönen kleinen Geschäften unter den alten Arkadengängen.

Das Roero

24
Il Melograno, Bed and Breakfast

Karte: E 8
Via Mazzini, 7
12050 Castagnito (CN)
Tel. u. Fax 01 73 21 31 62
Internet: ilmelogranodiluisa.com
E-Mail: ilmelogranodiluisa
@hotmail.com
Kreditkarten: keine
Ganzjährig geöffnet

Preise: EZ 40 €, DZ 55 €, Frühstück inkl.

Anfahrt: Von Alba über die SS 231 Richtung Asti, in Borbone links Richtung Castagnito, im Kreisverkehr wieder links und mitten durch Castagnito bis zu einer größeren Kreuzung, an der auf der linken Seite eine Kapelle steht. Hier fährt man rechts und findet das Melograno – zu erkennen an der leuchtend gelben Farbe – in der ersten kleinen Gasse rechts.

Das Hotel: »Wenn man ein Haus neu baut oder wieder neu aufbaut, pflanzt man in den Garten den Baum der Passionsfrucht, der Haus und Bewohnern Glück bringen soll«, so Ugo Berruto, der mit seiner Frau Luisa diesen Agriturismo betreibt. Ihre ganze Liebe haben sie in das Haus gesteckt, das ehemals eine Trattoria mit angrenzendem Tanzsaal war. Die Passionsfrucht gab dem Haus seinen Namen, und auch der Gast empfindet rasch ein Glücksgefühl bei so viel Gastfreundlichkeit und Herzlichkeit.

Die drei gelb gestrichenen Zimmer sind liebevoll mit pastellfarbenen

Den Blick schweifen lassen zur Kapelle von Castagnito

Stoffen und Möbeln eingerichtet, die Bäder weiß gekachelt und mit rosa, lindgrünen oder blauen Farbtupfern etwas aufgelockert. Das Haus betritt man über mehrere Steinstufen, die in den Flur führen. Links liegen zwei Zimmer, geradeaus geht es in die große Küche. Die rechte Seite des Flurs ist offen und gibt die Sicht frei in den grünen Innenhof, was dem Ganzen ein mediterranes Flair verleiht. Über der alten Küchentür wurden bei der Renovierung Fresken freigelegt. Stolz zeigt Ugo eine weitere Wandmalerei in der Küche mit einem Mond, der ebenfalls lange Jahre übertüncht war.

In der Küche bereitet Luisa all die Leckereien zu, die zum Frühstück gereicht werden. Brot, Marmeladen, Torte und Gebäck, alles kommt hausgemacht auf den Tisch. Das Frühstück wird bei schönem Wetter auch gerne oben auf dem Balkon serviert. Denn im ersten Stock befindet sich das andere Zimmer mit Balkon. Dieser ist überdacht und gibt den Blick frei auf den Hof. Hier sitzt man gemütlich wie in einer Laube und kann sich von der Hausherrin mit einem Glas Wein und Gebäck verwöhnen lassen. Zwei Stufen führen vom Balkon zum Solarium des Hauses – einer kleinen Terrasse mit zwei Liegen zum Sonnenbaden. Wer will, kann also am Morgen direkt aus dem Bett in die Sonne fallen. Und bestimmt serviert Luisa auch hier oben das Frühstück, denn sie ist stets um das Wohl der Gäste bemüht. Und wem es in derSonne zu warm wird, der kann sich im hauseigenen Swimmingpool abkühlen.

Restaurants: Vom ›Ostu di Djun‹ (s. S. 118) kann man in bester Stimmung durch den Ort in ein paar Minuten nach Hause schlendern. Gehobene Piemonteser Küche findet man im benachbarten Castellinaldo, im ›La Trattoria‹ (s. S. 116). Nicht allzu weit von Castagnito befindet sich im Ortsteil America dei Boschi von Pocopaglia das ›Ristorante Eden‹ (Tel. 01 72 47 33 51), das an Wochenenden und an Feiertagen eine spezielle musikalische Unterhaltung bietet. Schon ab 19 Uhr kann man hier seinen Aperitif genießen.

Ausflugstipps: Zum Castello im benachbarten **Guarene** (s. S. 57). In **Castagnito** zur Pfarrkirche San Giovanni Battista mit einem berühmten Gemälde von Moncalvo. Zum Einkaufen nach **Alba** oder **Canale**. Auch **Asti** mit seinen vornehmen Geschäften ist nur 20 km entfernt.

Tipp

Cinzano, Martini & Co.

Seit es Wein gibt, versuchen die Menschen ihn zu aromatisieren, um einem dünnen Tropfen mehr Geschmack zu verleihen oder ihm ein längeres Leben zu schenken. Versucht hat man es mit allen möglichen, ja auch unmöglichen Mitteln wie z. B. Blei. Ein angenehmerer Aromastoff ist der Wermut, der wegen seiner Bitterstoffe in vielen Spirituosen enthalten ist. Im Piemont steht die Wiege des Wermut, den wir meist unter seinen Markennamen kennen: Cinzano oder Martini. Seine Glanzzeit hatte er in der zweiten Hälfte des 19. Jh. bis in die 1920er Jahre hinein. In den meisten piemontesischen Kellereien bildete der Wermut in jener Zeit den Schwerpunkt der Produktion. Drei Millionen Flaschen verließen um die Jahrhundertwende pro Jahr die Keller Richtung Turin, Mailand, Genua oder Rom, wo der Vermouth di Torino trendy war. Vier Teile Moscato, der Rest war trockener oder süßer Weißwein. Es war daher kein Zufall, dass die wichtigsten Erzeuger sich im Zentrum des Moscato-Anbaugebietes einfanden.

Einen Eindruck davon, wie Wermut damals schmeckte, bietet heute wieder der Winzerbetrieb Luigi Spertino in Mombercelli (via Lea, 505, Tel. 01 41 95 90 98, Karte E 7). ›Ottocento Liberty‹ heißt der auf der Basis des Moscato mit aromatischen Kräutern zubereitete Wermut.

25
Agrituismo Il Borgo

Karte: E 7
Via Trento, 2
12050 Castellinaldo (CN)
Tel. u. Fax 01 73 21 40 17
Kreditkarten: alle gängigen
Ganzjährig geöffnet

Preise: EZ 50 €, DZ 66 €, es gibt zwei Zimmer für vier Personen mit 10 € Aufschlag pro Bett.

Anfahrt: Von Alba kommend biegt man auf der SS 231 in Borbone links ab in Richtung Castagnito. Im Kreisverkehr fährt man weiter geradeaus und folgt der Beschilderung nach Castellinaldo. Von der Hauptstraße, die durch den Ort führt, geht es links den Berg hinauf zum Castello von Castellinaldo (ausgeschildert). Man folgt der Straße bis zu einer sehr starken Linkskurve. In dieser Biegung liegt der Agriturismo auf der rechten Seite.

Das Hotel: Schnell ist man am ›Borgo‹ vorbeigefahren, ohne das Haus überhaupt wahrzunehmen. Denn der Hauptteil liegt zum Hof hin, und den erreicht man von der Straße nur über eine kleine steile Abfahrt. Das wunderschön renovierte Haus liegt am Hang und bietet einen grandiosen Ausblick. Die hellgelbe Farbe der Fassade gibt einen guten Kontrast zu den dunkelbraunen Fensterläden und den urigen Holzbalkonen. Rote Blumen zieren die Balkone und lassen das ganze Haus schon von außen recht freundlich erscheinen.

Patrizia Tarasco und ihr Mann haben das alte Bauernhaus 1996 gekauft und komplett renoviert. Mit viel Liebe zu alten Möbeln und zum Detail wurde alles eingerichtet und im Jahr 2000 als Agriturismo eröffnet. Stolz empfängt Patrizia mit ihren Töchtern Katja und Manuela die Gäste und zeigt ihnen die Räumlichkeiten. Man betritt zunächst den großen Frühstücksraum. Hinter dem Eingang ist links eine kleine Bar, wo nicht nur *caffè*, sondern auch andere Getränke serviert werden. Der rechte Teil des großen Raumes ist als Aufenthaltsraum eingerichtet. Sofa, Sessel und auch einige Tische mit Stühlen stehen vor dem alten Backofen, den man hier bewundern kann. Ein Kamin, ein paar Bücher und schön dekorierte Weinflaschen schaffen eine behagliche Atmosphäre.

Durch den Frühstücksraum geht's über eine enge Steintreppe hinauf zu den Zimmern. Der Flur ist sehr verwinkelt, und man muss immer mal wieder zwei Stufen hinauf oder hinunter zu den einzelnen Räumen. Der Weg über diese eng verwinkelte Steintreppe erinnert an den Aufstieg in eine alte Burg, nur dass hier im Haus alles sehr hell ist – durch die Fenster in den kleinen Wandnischen und das Weiß an den Wänden. Die weiße Farbe wird immer wieder unterbrochen durch das Rot der Ziegelsteine und durch dunkles, schön restauriertes Holz. Auch in den Zimmern ist Stein mit Holz kombiniert. Eine harmonische Ergänzung zu den alten Holzmöbeln, die die Familie z. T. im Castello des Ortes gekauft und restauriert hat, bilden die Steinböden aus Terrakotta oder Marmor.

Die sechs Zimmer sind geräumig und haben alle einen Balkon mit Blick über das Tal. Die Nr. 6 ist das schönste Zimmer – groß und mit einem gemütlichen Sofa ausgestattet. Die aufeinander abgestimmten Stoffe auf

Unter alten Gewölben in angenehmer Atmosphäre frühstücken

den Betten und an den Fenstern verströmen ein elegantes Ambiente. Wie so oft im Piemont war auch dieses Haus eine Dépendance des örtlichen Castello. In einem Teil des Gebäudes war die Cantina untergebracht, in einem anderen Teil waren Pferdestallungen. In dem alten Ofen im Aufenthaltsraum wurde das Brot für das Castello gebacken.

›Il Borgo‹ als Bezeichnung für das alte Zentrum des Dorfes gab dem Haus seinen Namen. Der Familie ist es sehr erfolgreich gelungen, diesen alten Ort wiederzubeleben und dabei viele Details und Strukturen der Geschichte des Hauses zu erhalten. Ein rundum angenehmer Ort, um von hier aus kleine Touren durch das Roero oder nach Alba zu unternehmen.

Restaurants: ›La Trattoria‹ im Ort (s. S. 116), ›Ostu di Djun‹ in Castagnito (s. S. 118), ›Bella Vista‹ im Ortsteil Madonna di Cavalli (s. S. 117)

Besichtigungen: Das riesige **Castello,** das Castellinaldo überragt. Die Enoteca im Castello mit Weinprobe. Schön ist auch ein Bummel durch den mittelalterlichen Dorfkern.

Ausflugstipps: Nach **Barolo** zum Weineinkauf oder nach **Canale** zum Bummeln unter den Arkaden. Auch **Alba** ist von hier schnell zu erreichen.

Das Roero

26
Agriturismo Cascina San Bernardo

Karte: E 7
Via Adele Alfieri, 31
12050 Magliano Alfieri
Tel. u. Fax 017 36 64 27
Kreditkarten: keine
Ganzjährig geöffnet

Preise: EZ 65 €, DZ 80 €, Frühstück inkl., behindertengerechtes Zimmer!

Anfahrt: Von Alba kommend biegt man von der SS 231 in Sant'Antonio links ab in Richtung Magliano Alfieri (ab der Statale ausgeschildert). Man fährt durch den Ort Richtung Priocca und findet den Agriturismo hinter Magliano auf der linken Seite.

Das Hotel: Am Weg von Magliano Alfieri nach Priocca liegt die kleine Kapelle San Bernardo, die 1995/96 komplett restauriert wurde. Sie wurde nach dem Zisterzienserabt San Bernardo benannt, einem der größten Schriftsteller des Mittelalters. Die ›Cascina San Bernardo‹ erhielt ihren Namen wegen ihrer Nähe zur Kapelle. Das Anwesen besteht aus zwei Gebäuden, dem alten Bauernhaus und einem größeren Geräteschuppen. Es liegt umgeben von Weinbergen und Obstbäumen auf einer Anhöhe mit wunderschönem Ausblick auf die umliegenden Hügel und auf den benachbarten Ort Castellinaldo. Kommt man von hier, leuchtet schon von weitem das große weiße Haus auf dem Hügel. Man gelangt über einen Kieselsteinweg durch ein schmiedeeisernes Tor auf den großen Innenhof. Rechts liegt das Wohngebäude, links der alte Schuppen, und geradeaus geht es auf die riesige Terrasse, die über das Tal zeigt.

Hier draußen gibt es viel Platz, wenig Verkehr und keine weitere Bebauung – eine kleine Oase mitten im Grünen. Silvia Raballo führt das Haus zusammen mit ihrem Mann Ugo Farinasso seit Herbst 2000. Viel Arbeit haben sie in die Renovierung des alten Bauernhofes aus dem 19. Jh. gesteckt. Entstanden sind sechs wun-

derschöne Doppelzimmer mit altem Holzfußboden, eines davon ist behindertengerecht ausgebaut. Alle Zimmer haben unterschiedliche mit viel Liebe restaurierte Holzbetten. Wände und Stoffe schaffen mit ihren hellen Farben eine sommerliche heitere Atmosphäre. Ein großer Frühstücksraum, der auch als Aufenthaltsraum genutzt werden kann, befindet sich im gegenüberliegenden Gebäude, das einmal der Geräteschuppen war. Doch daran erinnert heute nichts mehr: Die Deckenornamente wurden wunderschön restauriert, den Boden ziert solider Stein, die Einrichtung ist stilvoll und edel. Hier serviert Silvia das Frühstück persönlich. »Es gibt kein Buffet«, betont sie, »ich bringe meinen Gästen die hausgemachten Köstlichkeiten lieber selbst an den Tisch.« Vom opulenten Frühstück gestärkt, kann man aufbrechen zu einer Tagestour über die Hügel des Piemont. Und wenn man dann zurück kommt in diese kleine Oase, kann man auf der großen Sonnenterrasse entspannen oder am Kamin im Aufenthaltsraum den Tag bei einem Glas Wein Revue passieren lassen.

Restaurants: ›Il Centro‹ in Priocca (Tel. 01 73 61 61 12), ›Ostu di Djun‹ in Castagnito (s. S. 118), Die Osteria ›La Madernassa‹ in Guarene bietet typische Gerichte in einem sehr schönen Ambiente (Tel. 01 73 61 17 16).

Besichtigungen: Das **Castello** aus dem 17. Jh. mit seinem historischen Museum und den umliegenden Parkanlagen. Vom oberen Stadtteil aus hat man einen schönen Blick über das Tal des Tanaro.

Ausflugstipps: Zum Castello von **Cisterna d'Asti** oder in das Barockschloss von **Govone**. Zum Einkaufsbummel nach **Asti** oder **Alba**. Zum Weineinkauf in die Enoteca von **Barbaresco**. Auch der berühmte Etikettenmaler und Grappabrenner Romano Levi in **Neive** (s. S. 157) jenseits des Tanaro ist schnell zu erreichen.

Über den großen Innenhof gelangt man in den Frühstücksraum

Valle Bormida

Bio-Agriturismo Gallo

27

Karte: E 8
Via Serole
12074 Cortemilia (CN)
Tel. u. Fax 017 38 14 04
Internet: www.agriturismogallo.it
Buchung über Bambino Tours
(s. S. 172)
Kreditkarten: alle gängigen
Von November bis März geschlossen

Preise: EZ 45 €, DZ 60 € pro Person mit Halbpension.

Anfahrt: Mitten in Cortemilia führt eine Brücke über den Fluss Bormida. Hier ist ›Gallo‹ bereits ausgeschildert. Man folgt einfach der bergan führenden Straße bis zum Agriturismo, der rechts der Straße liegt.

Das Hotel: Man schließt sie sofort ins Herz, die Familie Gallo, und hat bei der Abreise nur den Wunsch, möglichst bald an diesen herrlichen Ort zurückzukehren. Um den großen Hof herum liegen Stallungen, private Wohngebäude und das Ristorante, wo alles angefangen hat. Hier kocht Maria nach Hausrezepten, tatkräftig unterstützt von einigen Frauen aus der Umgebung. Alles, was auf den Tisch kommt, ist hausgemacht: verschiedene Sorten Salami vom Schwein, Strauß oder Esel, Butter und Käse sowie Gemüse aus eigenem biologischem Anbau. Und nicht zu vergessen die Pasta…

Das Fleisch stammt aus eigener Schlachtung, denn auf dem 30 ha großen Bauernhof leben 260 Tiere. Die gute Adresse zum Essen und Trinken hatte sich schnell herumgesprochen, und bald kamen nicht mehr nur die Einheimischen aus der ganzen Region, sondern auch immer mehr Touristen. Was lag also näher, als den Gästen auch eine Möglichkeit zum Übernachten anzubieten! So wurde ein altes Wirtschaftsgebäude, das ca. 100 m unterhalb des Hofes liegt, neu

Naturstein und helle Farben geben den Zimmern ihre angenehme Atmosphäre

aufgebaut und geschmackvoll eingerichtet.

Seit einigen Jahren gehört zum Ristorante eine große Cantina, die Beppe, der junge Chef des Hauses, höchstpersönlich betreut. Er kennt viele Weinproduzenten und verkauft seine Weine nicht nur im Ristorante, sondern auch außer Haus. Einmal in der Woche gibt es eine große kulinarische Weinprobe, die ausgiebig Gelegenheit bietet, sich ein paar gute Tropfen für daheim auszusuchen.

Zehn Standardzimmer und zwei Suiten stehen in dem schön gemauerten Bruchsteinhaus zur Verfügung. Im Eingangsbereich befindet sich ein Aufenthaltsraum mit Tischen, Stühlen und einem Fernseher. Daneben steht den Gästen eine kleine Küche für den Imbiss zwischendurch zur Verfügung. Wer will, kann sich auch in den kleinen Innenhof setzen, von dem aus man die einzelnen Zimmer erreicht. Das dicke Mauerwerk ist im Sommer angenehm kühl. Die Zimmer sind gemütlich eingerichtet mit Steinboden, alten Holzmöbeln und neuen Bädern. Altes Mauerwerk und alte Deckenbalken wurden z. T. erhalten und verleihen den Räumen zusammen mit den ockerfarbenen Stoffen eine gemütliche und warme Atmosphäre. Alle Zimmer haben einen Balkon mit Blick auf die Wiesen und das Tal. In beiden Suiten finden sich eine gemütliche Sitzecke mit Kamin und Badewannen mit eingebautem Whirlpool. Alle Zimmer sind mit Satellitenfernsehen, Minibar und Gesundheitsmatrazen ausgestattet.

Eingerahmt wird der Hof von bewaldeten Hügeln. Im Sommer kann man sich in einem der beiden Swimmingpools erfrischen und die große Liegewiese unterhalb des Gästehauses nutzen. Der Weg dorthin führt vorbei an einem großen Damwildgehege inmitten eines Nutzgartens. Geht man abends hinauf zum Ristorante, grüßen Straußen, Pfauen und Schweine am Wegesrand. Bei den Gallos fühlen sich junge Familien ebenso wohl wie Menschen, die diese Phase schon hinter sich haben.

> # Tipp
>
> **Carlas Nusskuchen...**
> ... wird ohne Mehl und Butter gebacken. Er ist der berühmteste und beste der Region:
> 6 Eier
> 300 g Zucker
> 300 g gemahlene Haselnüsse
> Eier teilen, Teig aus Eigelb, Zucker und Nüssen anrühren. Eiweiß schlagen, Eischnee unterziehen. Im Gasherd bei 180 °C 20 Min., im Elektroherd bei 200 °C 30 Min. backen.

Restaurants: Das Ristorante ist wegen der guten hausgemachten Produkte, der netten familiären Stimmung und der hervorragenden Weinauswahl ein absolutes Muss. Ansonsten sind zu empfehlen: das Restaurant im ›Hotel Villa San Carlo‹ (s. S. 67), ›Da Maurizio‹ in Cravanzana (s. S. 127) oder ›Della Posta‹ (s. S. 128). Gutes Eis bekommt man in der Gelateria an der Brücke.

Ausflugstipps: Acqui Terme (alter Kur- und Badeort), die Dörfer **Olmo Gentile** und **Roccaverano** (Hauptorte der Herstellung von frischem Ziegenkäse), **San Giorgio Scarampi** mit seiner schönen Aussicht über das Bormida-Tal.

Valle Bormida

28
Hotel Villa San Carlo

Karte: E 8
Corso Divisioni Alpine, 41
12074 Cortemilia (CN)
Tel. 01 73 8 15 46
Fax 01 73 8 12 35
Internet: www.hotelsancarlo.it
E-Mail: info@hotelsancarlo.it
Kreditkarten: alle gängigen
Geöffnet März bis Dezember

Preise: EZ 55–70 €, DZ Superior 85–102 €, Minisuite 120–165 €, Frühstück inkl.

Anfahrt: Autobahn Turin–Savona, Ausfahrt Millesimo. Hier auf die SS 339 in Richtung Cengio und dann weiter nach Cortemilia. Am Ortseingang liegt das Hotel auf der rechten Seite.

Das Hotel: »Ich dachte, es sei ein Scherz, aber als ich zum Galadiner eingeladen wurde, wusste ich, es ist keiner«, erzählt Carlo Zarri fröhlich lachend von der Nominierung seines Hauses als Hotel des Jahres 1995 mit dem besten Restaurant. Renommierte italienische Zeitungen hatten in ganz Italien gesucht und den Gewinner im verschlafenen Cortemilia gefunden. 1999 folgte die nächste Auszeichnung für eine der besten Restaurant-Weinkarten Italiens (mehr als 850 Weine aus der ganzen Welt). Schon der kulinarische Rahmen dieses Hotels kann sich also sehen lassen.

Carlo Zarri freut sich über seine Auszeichnungen, aber sie sind ihm nicht das Wichtigste. Der Gast soll sich bei ihm rundum wohlfühlen, und dafür wird einiges getan. Das leuchtend rote Haus liegt am Ortsende von Cortemilia, einem kleinen Städtchen ca. 30 km südöstlich von Alba im Tal des Bormida. Der Ort ist von bewaldeten Hügeln umgeben und ganz hervorragend geeignet, von hier aus Ausflüge ins Bormida-Tal zu machen oder die südliche Langhe zu erkunden, sei es zu Fuß, per Rad oder mit dem Motorrad. Die hügelige Landschaft ist geprägt von Haselnussplantagen, Wiesen und Wäldern, die dem Tal gerade im Sommer viel Schatten spenden und so für eine angenehme Frische sorgen.

Nicht nur deshalb empfiehlt sich hier ein Aufenthalt in der warmen Jahreszeit, auch der Swimmingpool von San Carlo, den die Familie Zarri 1998 hinter ihrem Haus neu anlegen ließ, bietet eine angenehme Erfrischung nach einer längeren Tagestour. Die vielen mit Liebe gepflanzten Blumen und Sträucher im 2500 m² großen Garten hinter dem Haus erblühen im Frühjahr und Sommer zu einer herrlichen Pracht. Wenn das Wetter es zulässt, kann man abends auf der Terrasse am Garten das Abendessen genießen. Auch das Frühstück wird gerne draußen serviert, denn Platz gibt es um das große Hotel genug.

Das Haus ist ein reiner Familienbetrieb, und schon in der Eingangshalle spürt man die freundliche und familiäre Atmosphäre. Seit vier Generationen arbeitet die Familie im Hotel- und Gastgewerbe. Carlos Vater Bruno wurde in Cortemilia geboren und verließ mit 30 Jahren die Stadt, um gastronomische Erfahrungen zu sammeln. Das Heimweh trieb ihn aber 1981 in seine Heimatstadt zurück, wo er Land kaufte und das ›Hotel San Carlo‹ baute. Das anfänglich kleine Haus wurde über die Jahre immer wieder erweitert und er-

Valle Bormida

Und vor dem Menü noch eine erfrischende Runde im Pool

neuert. Heute stehen 19 Doppelzimmer, zwei Einzelzimmer und zwei Minisuiten zur Verfügung. Die Zimmer sind in der Ausstattung gleich und unterscheiden sich nur durch die Größe. Sie sind modern und komfortabel eingerichtet, haben alle eine Minibar, Satelliten-Fernseher und neu eingerichtete helle Bäder.

Carlo und seine Frau Paola führen heute das Haus. Vater Bruno wirkt natürlich noch in der Küche. Carlo hat die Tourismusschule in Bergamo besucht und sich viele Anregungen im Ausland geholt. »Die Schule in Bergamo ist ebenso gut für Sprachen wie der Aufenthalt in der Fremde«, erzählt er und freut sich, wenn er mal wieder deutsch reden kann.

Restaurants: Das hauseigene Ristorante ist weit über die Grenzen der Region bekannt. Hier kocht der Besitzer selbst, und auch die Weinkarte lässt keine Wünsche offen. Es gibt ein Degustationsmenü (35 €) zum Kennenlernen der regionaltypischen Speisen. ›Brutto Anatroccolo‹ (s. S. 124) oder Carlos neues ›Relais Villa D' Amelia‹ in Benevello, Fraz. Maera, sind gut erreichbar.

Besichtigungen: Das alte **Kastell**, von dem man einen schönen Ausblick über ganz Cortemilia und Umgebung hat. Die Kirchen **San Michele** und **San Pantaleo** aus dem 11. Jh. sowie das **Kloster** der Franziskanermönche mit seiner üppigen barocken Ausstattung. Der **Stadtkern** mit seinen mittelalterlichen Häusern und den von Bogengängen überdachten Gässchen.

Ausflugstipps: Nach **Santo Stefano Belbo** über die SS 592 ins Zentrum der Moscato-Produktion. Oder in die alte Hafenstadt **Savona** an der ligurischen Küste über die SS 339 Richtung Süden (Cengio) und dann über die SS 28 bis Savona (Fahrtzeit ca. 1–2 Std.).

Valle Bormida

29
Cascina La Ca'Traza

Karte: E 8
Regione Lavatoio
14050 Cessole
Tel. u. Fax 014 48 01 68
E-Mail: catraza@tiscalinet.it
Kreditkarten: keine
Geöffnet von April bis Ende Oktober

Preise: DZ 60 €, Appartement 70 €, Frühstück inkl., Halbpension: 46 € pro Person.

Anfahrt: Mitten in Cessole führt von der SS 339 eine Straße hinauf ins Oberdorf. Ca'Traza ist an der Hauptstraße bereits ausgeschildert. Die kleine Straße führt steil bergauf direkt zum Agriturismo, der auf der linken Seite liegt.

Das Hotel: Die ›Sonnenterrasse von Cessole‹, die dem Haus seinen Namen gab, liegt hoch oben über dem Ort. Nur eine steile und enge Straße führt direkt zum Haus von Elisabetta Pincelli und ihrer Familie. Wem das zu abenteuerlich erscheint, der nimmt einfach den etwas weiteren Weg über die Hügel. Oben angekommen stellt man sehr schnell fest, dass sich die Anfahrt gelohnt hat, denn das schöne große Anwesen liegt inmitten von Natur und absoluter Ruhe. Mithin ein idealer Ort, um sich für ein paar Tage zurückzuziehen, zu schlafen, zu lesen, zu schwimmen und die nähere Umgebung zu erkunden.

Schon Mitte der 1980er Jahre kaufte die Turiner Familie den alten Bauernhof, weil sie die Wochenenden auf dem Lande verbringen wollte. Mit viel Liebe und persönlichem Einsatz wurde alles peu à peu restauriert und eingerichtet. Elisabetta, die Tochter, hatte inzwischen Köchin gelernt und auch im Service gearbeitet, als sie sich 1999 entschied, ganz hier zu leben und Gästezimmer zu vermieten. Tatkräftig unterstützt wird sie von ihrer Mutter Lori, die ihren Beruf als Lehrerin mittlerweile aufgegeben hat, um das Haus zusammen mit ihrer Tochter zu führen. Seit 2000 gibt es einen großen Swimmingpool, umsäumt von Sonnenschirmen und Liegen. Der Pool liegt vor dem Haus und hat einen eigenen Zugang zum Garten, sodass es für die Gäste zwei unterschiedliche Erholungsbereiche gibt: Schwimmen und Sonnen im Natursolarium oder Lesen und Dösen im Schatten, den die alten Bäume im Garten spenden.

Der ehemalige Heuboden und die alten Stallungen wurden geschmackvoll umgebaut: Der große Aufenthaltsraum im Erdgeschoss ist mit Polstermöbeln, alten Holzmöbeln und einem Fernseher ausgestattet. Von hier aus gelangt man über eine Steintreppe zu den Zimmern im oberen Stockwerk des Wohnhauses. Sie sind alle nach Blumen benannt und z. T. modern, z. T. mit alten Möbeln eingerichtet. Drei Zimmer haben einen kleinen Balkon zum Garten hinaus. Über eine Außentreppe erreicht man die überdachte Terrasse über dem Aufenthaltsraum, wo man auch bei schlechtem Wetter geschützt, aber in der frischen Luft sitzen kann.

Der Garten ist wild bewachsen mit Obstbäumen, Sträuchern und Blumen. Am Ende befindet sich die kleine Terrasse mit einem wunderschönem Ausblick über das Tal. Wer möchte, kann hier oder an einem der vielen Tische im Garten frühstücken.

Bei gutem Wetter kann man im Garten frühstücken

Auch zum Abendessen muss der Gast diese Oase der Ruhe nicht unbedingt verlassen, denn im Haus gibt es auch ein Restaurant. Damit bei so viel Ruhe keine Langeweile aufkommt, wird am Wochenende schon mal ein Hausfest veranstaltet. Da gibt es die *fiesta mexicana* am Pool oder ein Grillfest im Garten. Und wenn das Wetter es gestattet, im Herbst Lagerfeuer und Trüffel.

Restaurants: Im hauseigenen Restaurant bringt Elisabetta die typischen Speisen der Region für Hausgäste nach Voranmeldung auf den Tisch. Dazu werden Piemonteser Weine angeboten. Das ›Degli Amici‹ in Loazzolo (s. S. 125) ist immer eine Reise wert, und auch in Bubbio bei ›Teresio‹ (Tel. 01 44 81 28) kann man gut und bodenständig essen. Käse

Besichtigungen: Das **Oberdorf** von Cessole mit seinen kleinen Gässchen und verfallenen Steinhäusern versetzt den Betrachter in eine vergangene Zeit. Die barocke Kirche **Nostra Signora Assunta** aus dem 18. Jh. und die antiken Säulengänge neben der Kirche.

Ausflugstipps: Das kleine **Loazzolo** oberhalb der Strada Statale bietet einen wunderschönen Ausblick über das Bormida-Tal. Der alte Dorfkern lädt zu einem gemütlichen Spaziergang ein. Nach **Cassinasco** mit dem Santuario di Caffi, einer kleinen Wallfahrtskapelle, in der es eine Menge Zeichnungen und Danksagungen an Maria zu bestaunen gibt. Ein sehr lohnendes Ausflugsziel! In das Bergdorf Roccaverano mit seinem Aussichtsturm mitten im Ort.

Valle Bormida

30
Agriturismo La Costa

Karte: E 8
Via della Costa, 1
12070 Torre Bormida (CN)
Tel. u. Fax: 017 38 80 79
Internet: www.lacostaagriturismo.it
E-Mail: info@lacostaagriturismo.it
Kreditkarten: alle gängigen
Geöffnet Valentinstag bis Ende Dezember

Preise: EZ 50 €, DZ 75 €, Frühstücksbuffet inkl.

Anfahrt: Von Cortemilia aus über die SS 339 in Richtung Cengio. Nach einigen Kilometern kommt rechts der Abzweig nach Torre Bormida. Man fährt im Dorf immer geradeaus bis ans Ortsende, wo sich der Agriturismo auf der rechten Seite befindet.

Das Hotel: Nur wenige Kilometer südlich von Cortemilia liegt Torre Bormida, ein kleines verschlafenes Dorf. Umgeben von Kastanienbäumen, Haselnusssträuchern und Weinbergen befindet man sich hier in absoluter ländlicher Ruhe. Die bewaldeten Hügel prägen das Bild dieser Region. Eine ideale Gegend zum Wandern und Reiten. Ein alter Wehrturm aus dem Mittelalter gab dem Dorf seinen Namen, mitten im ländlichen Idyll thront die Kirche aus dem 14. Jh.

Am Ende des Dorfes, dort, wo die Straße aufhört, findet man im Ortsteil La Costa den Agriturismo. Wenn man in den Hof fährt, ist man umgeben von drei verschiedenen Häusern, die in Folge neu gebaut bzw. restauriert wurden. Man passiert zunächst das Hauptgebäude mit den großen halbrunden Fenstern und dem Mauerwerk aus Ziegelsteinen. Hier, im Haupthaus, befinden sich der Empfang, die Bar und das Ristorante. Und hier spielt sich das Leben ab. Im ersten Stock liegen drei der acht Doppelzimmer. Das Haus gegenüber ist das Wohnhaus der Familie, daneben gibt es ein Gebäude mit weiteren fünf Zimmern und einem kleinen Saal. In diesem gemütlichen Raum werden zur Hauptsaison im September und Oktober kulinarische Themenabende veranstaltet, z. B. Weinverkostungen mit Salami und Käse der Region, Trüffelessen, oder es wird *bagna cauda*, eine Spezialität der Region, serviert.

Marisa Vinotto und Vincenzo Fresia haben sich bereits vor vielen Jahren entschlossen, in Torre Bormida einen Agriturismo aufzubauen. Das Anwesen gehörte nämlich Vincenzos Großvater und wurde in der Familie weitervererbt. Vincenzo kaufte seinen Brüdern ihre Anteile des Bauernhofs ab und begann zusammen mit seiner Frau Marisa, die alten zerfallenen Gebäude wieder aufzubauen und dabei möglichst viel von der alten Substanz zu erhalten. Anfang der 1990er Jahre kamen dann die ersten Gäste, »und jedes Jahr werden es mehr«, erzählen die beiden stolz.

Sie gehören zu den Pionieren des regionalen Tourismus, denn sie waren mit die Ersten, die im Bormida-Tal Gästezimmer anboten. Bereut haben sie es nicht, denn das Haus ist im Sommer meist ausgebucht, zumal den Gästen seit neuestem auch ein großer Swimmingpool hinter dem Haus zur Verfügung steht. Weiße Liegen laden ein zum Sonnenbaden zwischen den Runden im Pool. Der Blick kann da-

Die typischen Rundbogenfenster der ländlichen Architektur

bei über die umliegenden Hügel wandern. Vielleicht entdeckt man ja einen Bauern bei der Arbeit oder gar einen der seltenen Vögel, die es hier noch gibt.

Zu den oberen Zimmern in Haupt- und Nebenhaus gehört eine große Terrasse mit wunderbarem Ausblick. Die Zimmer sind sehr groß und mit polierten Steinböden und alten Holzdecken ausgestattet. Eingerichtet sind sie mit modernen Holzmöbeln. Die weißen Wände harmonieren gut mit den pastellfarbenen Stoffen.

Zur Abrundung des Aufenthaltes dient natürlich die hauseigene Küche, die Fabio, der Sohn des Hauses als gelernter Koch leitet, tatkräftig unterstützt von seiner Mutter Marisa. Wurst und Kuchen auf dem Frühstücksbuffet sind alle hausgemacht und bilden zusammen mit den anderen Leckereien der Region eine gute Unterlage, die sicherlich den Tag über reicht. Natürlich gibt es auch den einen oder anderen kleinen Snack für den Hunger zwischendurch. Doch Vorsicht, am Abend erwartet den Gast ein üppiges piemontesisches Mahl mit Antipasti, *primi*, *secondo* und Dessert.

Restaurants: Im hauseigenen Ristorante bekommt man alle Spezialitäten der Region. ›Da Maurizio‹ im Nachbarort Cravanzana (s. S. 127). ›Da Renato‹ in Feisoglio (Tel. 01 73 83 11 16), ca. 7 km entfernt und bekannt für seine Pilze und Trüffelgerichte.

Ausflugstipps: Zum Castello von **Prunetto**, nach **Bergolo** wegen des schönen Ortskerns, nach **Bossolasco** südwestlich von Torre Bormida mit dem Campanile aus dem 15. Jh., der Wallfahrtskirche und dem Kastell. Im Dorf **Gorzegno** die Ruinen des alten Kastells und die Kirche San Giovanni. An die Küste zum Bummeln und Einkaufen in die kleine Hafenstadt **Savona**. Oder in die südliche Langhe nach **Dogliani**, eine der Hauptproduktionszonen des Dolcetto (s. S. 151). Nach **Santo Stefano Belbo** in die Produktionszone des Moscato.

31
Hotel Villa Crespi

Karte: F 3
Via Fava, 8/10
28016 Orta San Giulio
Tel. 03 22 91 19 02
Fax 03 22 91 19 19
Internet: www.lagodortahotels.com
E-Mail: villacrespi@tin.it
Kreditkarten: alle gängigen
Geöffnet Mitte Februar bis Ende Dezember

Preise: DZ als Einzelzimmer: NS 120, MS 150, HS 175 €; DZ: NS 170, MS 200, HS 240 €; Suiten: NS 200–400, MS 240–430, HS 270–480 €, Frühstück inkl., Halbpensionszuschlag: 55 € pro Person/ Tag, spezielle Preise bei längerem Aufenthalt erfragen!

Anfahrt: An der ersten großen Kreuzung im Ort rechts ab und gleich links in die Einfahrt des Hotels. Schon von weitem erblickt man das Wahrzeichen des Hauses, ein Minarett.

Das Hotel: Wie in einem Märchen aus Tausendundeiner Nacht fühlt man sich beim Betreten der Villa Crespi. Schon von außen fasziniert das im maurischen Stil erbaute Haus mit seinen reichen Verzierungen und dem schmucken Turm. 1879 verwirklichte hier der reiche Baumwollindustrielle Cristoforo Benigno Crespi seine Idee vom Wohnen im orientalischen Stil im gemäßigten Klima des Orta-Sees. In den 1930er Jahren wurde die Villa Crespi von den Marchesi Fracassi gekauft und entwickelte sich zu einem Aufenthaltsort von Poeten und Industriellen, Prinzessinnen und hochrangigen Politikern. Ende der 1980er Jahre wurde das Haus in ein exklusives Hotel umgewandelt, seit 1999 leitet es die Familie Primatesta.

Die Begrüßung in der kleinen Empfangshalle ist sehr freundlich, fast familiär, denn die insgesamt 14 Zimmer verlangen keinen großen Stab an Beschäftigten. Die kleine Mannschaft, die den Gast betreut, ist in einer Fotogalerie verewigt, damit der Neuankömmling gleich alle auf einmal kennen lernen kann. Cinzia Primatesta bemüht sich sehr um das Wohl der Gäste und geleitet sie persönlich zu ihrem Zimmer. Bei der Ankunft gibt es an der Zimmertür ein kleines Begrüßungskärtchen, und öffnet man die hohe, schön verzierte Holztür, hat man das Gefühl, einen orientalischen Palast zu betreten. Parkettfußboden mit Ornamenten aus dunklem und hellem Holz, reich verzierte Decken und große Lüster bilden den Rahmen für schöne Stoffe und liebevoll restaurierte Holzmöbel. Alte Gemälde und Gestecke aus frischen Blumen lassen unweigerlich das Gefühl aufkommen, in einer Filmkulisse zu stehen. Die Bäder sind mit Marmor ausgekleidet, und auch hier spenden Lüster Licht für alte Holzmöbel und vergoldete Armaturen. Jedes Zimmer erstrahlt in einem anderen Farbton: Wände und Stoffe sind entweder rot, goldfarben oder blau. Das Treppenhaus ist aus Marmor und reich verziert mit Ornamenten, die auch das schmiedeeiserne Geländer schmücken, das bis hinauf führt ins Minarett. Unterhalb des Turms gibt es ein gemütlich eingerichtetes Aufenthaltszimmer mit schönem Ausblick auf den See und die umliegenden Berge. Hier kann man sich bei einer Zigarre und einem Gläschen

Wein entspannen. Auch in der Bar mit angrenzendem Salon im Erdgeschoss herrscht eine ruhige und entspannte Atmosphäre, die untermalt wird von leiser klassischer Musik. Die luxuriöse Gemütlichkeit und das ausgesuchte Ambiente harmonieren ganz hervorragend mit dem freundlichen und lockeren Service, der dem Haus eine sehr persönliche Note verleiht. Nie hat man das Gefühl, in einem Hotel zu sein.

Große goldverzierte Spiegel und edle Stoffe schmücken das Restaurant, das sich neben der Bar befindet. Im Sommer kann man auch draußen essen oder sich in dem großen Park, der das Haus umgibt, vergnügen. Ein eigener Zugang zum See verlockt zum Lustwandeln auf den Spuren früherer adeliger Besucher. Ein türkisches Bad, Sauna und Massageraum bieten zudem die Möglichkeit, sich zu entspannen. Die Villa Crespi hat vor allem im Frühjahr und Herbst ihren besonderen Reiz, wenn man sich in eine der kuscheligen Suiten zurückziehen kann, die den Aufenthalt zu einem unvergesslichen Erlebnis werden lassen.

Restaurants: Mindestens einmal sollte man im Erdgeschoss des Hauses bei Kerzenschein und Blick in den Park speisen. Kein Restaurant in Orta und Umgebung bietet ein schöneres Ambiente. Es gibt zwei Degustationsmenüs zum Preis von 60 € bzw. 85 €.

Ausflugstipps: An der Kreuzung vor der Villa Crespi führt die Straße hinauf in das kleine Dorf **Miasino**. Von hier oben hat man eine herrliche Aussicht auf den See. Zu besichtigen ist die Casa Nigra, ein eleganter Landsitz aus dem 16. Jh. (Öffnungszeiten an der Rezeption erfragen!). Zum Einkaufsbummel nach **Omegna** am Ostufer des Sees oder nach **Crusinallo,** einem Ortsteil von Omegna, zum Einkauf bei Alessi (s. S. 158)

Tausend und eine Nacht möchte man hier verbringen

32
Hotel Orta

Karte: F 3
Piazza M. Motta, 1
28016 Orta San Giulio
Tel. 032 29 02 53 oder 032 29 03 90
Fax 03 22 90 56 46
Internet: www.orta.net/hotelorta
E-Mail: info@hotelorta.it
Kreditkarten: alle gängigen
Ende Oktober bis Ostern geschlossen

Preise: EZ 65 €, DZ 112 € (reichliches Frühstücksbuffet inkl.), Halbpension 79 € (sehr empfehlenswert), Vollpension 89 € pro Person.

Anfahrt: Trotz des allgemeinen Fahrverbots auf der Piazza und im Ortskern dürfen Gäste zum Ein- und Ausladen ihres Gepäcks bis zum Hotel fahren. Am Ortseingang an der großen Kreuzung zunächst rechts halten und direkt wieder links. Die Straße führt am See entlang und durch eine enge Gasse bis auf die Piazza. Am Ende der Gasse liegt links das Hotel. Nach dem Einchecken fährt man den gleichen Weg wieder zurück, bis man an der Villa Crespi wieder die Hauptstraße erreicht. Hier biegt man links ab und folgt der Straße bis zu den vielen gebührenpflichtigen Parkplätzen. Es gibt auch wenige kostenlose Parkplätze. Fragen Sie an der Rezeption!

Idyllisch wie auf einer Postkarte

Das Hotel: Harmonisch eingebettet in die mittelalterliche Architektur der Piazza von Orta und direkt am See liegt dieses monumentale Hotelgebäude, das zu Beginn des 19. Jh. errichtet wurde. Das Haus hat einen ganz besonderen Reiz: Es liegt an der schönsten, lebendigsten und romantischsten Stelle des ganzen Ortes – an der Piazza mit Blick über den See und auf die kleine Insel San Giulio. Man hat den Eindruck, dass jeder Einwohner mindestens einmal am Tag auf der Piazza erscheint. Sei es, um einen Kaffee zu trinken oder einfach nur, um sich sehen zu lassen. Und immer lassen sich Hochzeitspaare wegen des romantischen Ambientes fotografieren.

Der verblichene Charme vergangener Zeiten zieht den Betrachter des Albergo Orta schon von außen sofort in seinen Bann. Und auch im Innern hat man den Eindruck, dass hier die Zeit stehen geblieben ist. Zwar wurden die Zimmer über die Jahre hinweg kontinuierlich renoviert und moderner eingerichtet, auch die Bäder erstrahlen heute neu gekachelt in hellen Farbtönen, aber das Flair vergangener Zeiten ist geblieben. Liebhaber alter Hotels werden sich sofort in dieses Haus verlieben, auch wenn es heute nicht mehr als luxuriös gelten kann. Die Einrichtung der Zimmer ist einfach und unprätentiös wie auch die große Schar der Gäste. Es gibt kein herrschaftliches Publikum wie noch im 19. Jh., aber die Zimmer mit Terrasse oder kleinem Balkon bieten den schönsten Ausblick auf den See zu einem erschwinglichen Preis.

Familiär und persönlich ist die Atmosphäre im Haus. Signora Marina Oglina schafft es mit dem ihr eigenen Charme, dass man sich sofort wie zu Hause fühlt. Immer bemüht um das Wohl der Gäste, ist sie die Seele des Hauses, die versucht, alle Wünsche zu erfüllen. Nach dem reichhaltigen Frühstück im hauseigenen Ristorante mit Blick auf San Giulio ist man gut gestärkt für einen romantischen Spaziergang um den See. Man muss nur aufpassen, dass man beim Verlassen des Hauses nicht gleich eines der angrenzenden Straßencafes betritt und hier verträumt beim Kaffee hängen bleibt.

Restaurants: Das hauseigene Restaurant bietet gute bürgerliche italienische Küche: Antipasti und *dolce* gibt es vom bestens bestückten Buffet, mittags und abends ein täglich wechselndes Menü. Die Preise sind nicht zu hoch, die Weinkarte ist übersichtlich und verzeichnet überwiegend regionale Tropfen. Zur Abwechslung ein schöner Spaziergang zum Restaurant auf dem Sacro Monte (s. S. 131).

Besichtigungen: Neben dem Hotel führt eine enge Straße am See und an alten Villen entlang. Am Ende der Straße ist die **Villa Crespi** (s. S. 72) mit ihrem Park unbedingt sehenswert. Geht man vom Hotel über die Piazza, führt rechts eine alte Steintreppe zur **Kirche** des Ortes. Gegenüber vom Hotel liegt der **Palazzo della Comunita** aus dem 16. Jh., der wie die vielen Laubenhäuser um die Piazza von alten Fresken geziert wird. Ebenso sehenswert sind die Kapellen auf dem **Sacro Monte** (s. S. 79).

Ausflugstipps: Die Insel **San Giulio** mit ihren schönen Häusern und Villen inmitten laubgrüner Gärten. Besichtigung der Basilika San Giulio mit ihrer berühmten Kanzel und den alten Fresken.

Orta-See

33
Hotel Garni
La Contrada dei Monti

Karte: F 3
Via dei Monti, 10
28016 Orta San Giulio
Tel. 03 22 90 51 14
Fax 03 22 90 58 63
Internet: www.orta.net/lacontrada
deimonti/
E-Mail: leondoro@lykosmail.com
Kreditkarten: alle gängigen
Geöffnet Februar bis Dezember

Preise: EZ 80 €, DZ 100 €, Suite 150 €, Frühstück inkl.

Anfahrt: Siehe ›Hotel Orta‹ (S. 75). Man überquert die Piazza und fährt auf der Hauptstraße Via Olina weiter durch den Ort bis zur dritten Straße rechts. Nach dem Einchecken muss man den gleichen Weg wieder zurück auf den großen Parkplatz.

Das Hotel: Sehr zentral, nur einen Steinwurf vom See entfernt, liegt dieses neue Hotel in einer kleinen Seitenstraße, die von der Hauptstraße abzweigt, mitten in Orta. Schon lange war der alte Palazzo aus dem 17. Jh. im Besitz der Familie Ronchetti, die das schöne Gebäude mit viel Liebe zum Detail restaurieren ließ und im April 2000 als Hotel eröffnete. Von außen eher etwas unscheinbar ist diese bezaubernde Oase der Ruhe und des Wohlbefindens. Hinter dem Eingangstor geht man rechts in die Empfangshalle und findet im Boden das nachgebildete Wappen des Hauses als steinerne Intarsie. Schon hier umfängt den Gast die wohlige Behaglichkeit der Einrichtung. Unter einer mit alten Fresken verzierten Gewölbedecke stehen dicke Polstermöbel um einen Kamin, der in den kühleren Jahreszeiten eine angenehme Wärme verbreitet. Die Stoffe sind goldfarben und beige, ebenso wie die Wände. Dunkle Holzmöbel und braune Ornamente bilden einen schönen Kontrast und zugleich eine Ergänzung zu den hellen und warmen Farben. Schon hier möchte man gerne verweilen, denn der Raum mit seiner edlen Ausstattung ist einfach gemütlich.

Kleine Gänge verbinden die Zimmer, die mit allem Komfort ausgestattet sind. Sie verteilen sich auf zwei Etagen und die Mansarde. Jede Etage hat eine eigene Farbgestaltung, die sich in den Stoffen der Zimmer nie-

derschlägt. Goldfarbene Töne wechseln mit Grün, Gelb oder Aprikot. Die alten Deckenbalken, schöne Lampen und filigrane Möbel und die neuen in Stein und Marmor gefassten Bäder geben dem Ganzen ein luxuriöses Ambiente. Die zwei Suiten unterscheiden sich hinsichtlich der Größe von den anderen Zimmern. Sie haben auch eine kleine Sitzecke mit dick gepolstertem Sofa und einem runden Glastisch.

Von einigen Zimmern kann man hinabsehen in den Innenhof, wo im Sommer das Frühstück serviert wird. Hier sitzt man sehr ruhig und kann entspannen. Im Sommer spenden die alten Steinmauern eine angenehme Kühle, und der Blick auf die weißen Rundbögen und die grünen Fensterläden des Hauses bestätigt die geschmackvolle Gestaltung des alten Palazzo auch von außen. Hier möchte man sich gerne aufhalten: abgeschirmt von den vielen Besuchern des kleinen Städtchens, aber doch mittendrin.

Auch im Frühstücksraum wurden die alten Steinmauern zum Teil erhalten und tragen wie die originalen Holzbalken an der Decke zum mittelalterlichen Ambiente bei. Die Gestaltung des ganzen Hauses ist rundum gut gelungen und gibt dem Gast das Gefühl, in einem kleinen Schmuckkästlein zu wohnen.

Restaurants: Die Familie Ronchetti betreibt das alteingesessene Ristorante ›Leon d'Oro‹ (Tel. 03 22 91 19 91), das an der Piazza direkt am See liegt. Das Ristorante bietet die klassischen Speisen der Region und einen schönen Ausblick auf den See.

Besichtigungen: siehe ›Hotel Orta‹ (s. S. 76)

Ausflugstipps: Eine **Rundfahrt** über den See. Anlegestelle direkt an der Piazza. Oder ein Besuch in **Gozzano** am Südufer des Sees, wo man im Sommer am kleinen Lido schwimmen kann. Zum Weineinkauf nach **Gattinara** oder **Ghemme** (s. S. 151f.). Das kleine Städtchen Gattinara eignet sich mit seinen vielen kleinen Geschäften auch gut zum Einkaufsbummel. 70 km von Gozzano entfernt liegt die Provinzhauptstadt **Novara**. Sehenswert sind der alte Stadtkern und der Dom mit seinen Wandteppichen und Fresken.

Der edle Empfangsraum des Hotels

Hotel Santa Caterina

34

Karte: F 3
Via Marconi, 10
28016 Orta San Giulio
Tel. 03 22 91 58 65/75
Fax 032 29 03 77
Internet: www.orta.net/d.negri
E-Mail: s.caterina@lykosmail.com
Kreditkarten: alle gängigen
Geöffnet Mitte März bis Anfang November

Preise: EZ 67–73 €, DZ 80–85 €, Frühstück inkl.

Anfahrt: An der ersten großen Kreuzung am Ortseingang biegt man links ab und erreicht nach wenigen Metern das Hotel, das auf der rechten Straßenseite liegt und an der Kreuzung ausgeschildert ist.

Das Hotel: Hell, farbig und freundlich ist dieses Hotel am Rande von Orta. Es liegt zwar nicht am See, aber der 15-minütige Fußweg zur Piazza, vorbei an Palmen, Bananenstauden und alten Villen, lässt diese Tatsache leicht verschmerzen. Die hauseigene Garage und die kleinen Balkone an allen Zimmern entschädigen ebenfalls für die wenigen Gehminuten. Die ehemalige Locanda aus dem 17. Jh. bot schon immer Reisenden Essen und Unterkunft. Anfang der 1990er Jahre erwarb die Familie Negri das Haus und ließ es komplett renovieren.

Das Hotel verlockt schon von außen durch seine hell leuchtende Farbe und die roten Blumen zum Eintreten. Im geräumigen Empfangsraum setzt sich diese Farbigkeit fort. Glänzende Bodenkacheln in schönen Pastelltönen schmücken auch den angrenzenden Salon, der modern, aber gemütlich eingerichtet ist. Die grün gepolsterte Sitzecke vor dem Kamin lädt ein zum Verzehr der Getränke, die man an der kleinen Bar neben der Rezeption bekommt. Im Erdgeschoss befindet sich auch der große Früh-

Die klaren Linien des italienischen Design prägen den Aufenthaltsraum

Tipp

Sacro Monte di Orta

Überall im Piemont findet man Kirchen, Klöster und heilige Stätten, die den Menschen in früheren Zeiten als Anlaufpunkte auf ihrer Reise zu den überregionalen Pilgerstätten wie z. B. Santiago de Compostela im fernen Galizien dienten. Eine dieser Stätten ist der Heilige Berg von Orta. Ebenso wie die Berge von Crea, Varallo, Ghiffa und Belmonte ist er seit den 1980er Jahren Teil eines Naturreservates. Der Sacro Monte di Orta wurde 1590 von Franziskanermönchen entworfen. 20 Kapellen, welche durch verschlungene Pfade verbunden sind, dienen als Bühne, um Szenen aus dem Leben des italienischen Nationalheiligen Franz von Assisi darzustellen. 200 Jahre baute und malte man an den Kapellen und modellierte die fast lebensgroßen Terrakottafiguren. Eine fast himmlische Ruhe herrscht hier oben, von den Wegen aus eröffnen sich immer wieder Panoramablicke auf den Orta-See und die Insel San Giulio mit dem gleichnamigen Kloster.

stücksraum, der ebenso wie alle anderen Räume sehr licht und freundlich gestaltet ist. Die 28 Zimmer sind modern und in bunten Farben eingerichtet und haben alle Fernseher. Die beiden Suiten im Obergeschoss sind sehr geräumig und bieten vom Balkon aus einen schönen Ausblick auf den See. Große neue Bäder runden den Komfort der Zimmer ab. Wie die Bodenkacheln glänzen auch die Zimmertüren im ganzen Haus in auffälligen Farben: im ersten Stock schwarz und im zweiten leuchtend rot.

Durch den Glanz, die Farben und die vielen Halogenleuchten in den Decken erhält das ganze Haus einen fröhlichen und heiteren Akzent, der den Gast auch bei schlechtem Wetter in gute Laune versetzen kann. Die Lage am Wald und die angenehme Atmosphäre am Orta-See garantieren einen entspannenden Aufenthalt. Gleich neben dem Haus beginnt übrigens einer der vielen Wanderwege, die sich auf dieser Seite des Sees befinden.

Restaurants: Seit einigen Jahren betreibt die Familie Negri außer dem Hotel noch ein Spezialitätengeschäft und das Ristorante ›Olina‹ (Tel. 03 22 90 56 56). Es liegt mitten im historischen Stadtkern an der Hauptstraße und bietet typische Gerichte mit gutem Preis-Leistungs-Verhältnis.

Besichtigungen: Das **Kapuzinerkloster** und die **Nikolauskirche** sowie die Kapellen auf dem **Sacro Monte.**

Ausflugstipps: Am Hotel beginnt ein Wanderweg durch den Wald Richtung Gozzano (Route im Hotel erfragen!). Ein Ausflug ins benachbarte Dorf **Pettenasco.** Gegenüber der Kirche führt eine kleine Straße nach **Pratolongo.** Von hier oben hat man einen herrlichen Ausblick auf den See und die Berge. Sehenswert in Pratolongo ist die Barockkirche Madonna della Neve. Einen Imbiss gibt es in der kleinen Osteria.

35
Hotel Due Palme

Karte: F 3
Via Pallanza, 1
28040 Mergozzo (NO)
Tel. u. Fax 032 38 02 98
E-Mail: hotelduepalme@libero.it
Kreditkarten: alle gängigen
Geöffnet März bis November und
Sylvester/Neujahr

Preise: EZ 57–82 €, DZ 90–115 €, Frühstück inkl., Halbpension: 55–78 € pro Person.

Anfahrt: Auf der SS 34, die um den Lago Maggiore führt, biegt man von Ascona kommend in Verbania rechts ab Richtung Domodossola. In San Bernardino Verbano auf eine kleinere Straße rechts ab Richtung Mergozzo bis ins Zentrum. Das Hotel liegt direkt an der Straße.

Das Hotel: Zwei hohe Palmen im Vorgarten haben dem Hotel zu seinem Namen verholfen und dem Gebäudekomplex zu einem ganz besonderen Flair. Tatsächlich herrscht vor dem Haus eine Art Strandatmosphäre, denn wenn man die kleine Straße überquert, gelangt man über eine Treppe an den hauseigenen Strand. Der kleine Lago di Mergozzo ist einer der saubersten Seen Europas, und die bewaldeten Hügel, die seine Ufer säumen, bilden zusammen mit dem tiefblauen Wasser ein wunderschönes Panorama. Nicht ohne Grund sprechen die Einheimischen vom Märchensee.

Mergozzo ist der einzige Ort am See und mit seiner kleinen Bucht, den bunten Booten und den schönen alten Häusern ein wahres Postkartenidyll in himmlischer Ruhe, denn Motorboote sind auf dem See nicht erlaubt. Eingebettet in die romantische Kulisse liegt die große Villa. Der azurblaue Anstrich und die weißen Fenster verleihen dem Haus südländisches Küstenflair. Es wird viel getan, um die Gäste zu verwöhnen. Am kleinen␣grasbewachsenen Strand kann man sich beim Schwimmen oder Sonnen entspannen, und auch die Terrasse, die über dem See schwebt, bietet Gelegenheit, sich bei einer Tasse Kaffee oder einem Glas Wein auszuruhen. Wer nicht extra über die Straße gehen will, kann die große Sonnenterrasse über dem Restaurant nutzen. Auch in der zweiten Etage gibt es auf beiden Seiten des Hauses Terrassen mit Seeblick. Liegen und Sonnenschirme stehen im Sommer natürlich genügend zur Verfügung. Selten findet man ein Hotel mit derart vielen Möglichkeiten, sich unter freiem Himmel aufzuhalten. Auch der Hof mit dem Eingangsbe-

Die blaue Villa an den Ufern des Lago di Mergozzo

reich ist überdacht und bietet die Möglichkeit, draußen zu sitzen.

Milena Oliva und ihr Sohn Ruggero Nibbio haben das Haus vor vielen Jahren gekauft, liebevoll renoviert und vergrößert. Heute zählt es 35 Zimmer, die modern eingerichtet sind. Die Möblierung hat in allen Räumen den gleichen Standard, weiße und blaue Farben dominieren. Die Zimmer mit Blick auf den See sind die schönsten und natürlich gefragtesten. Im hauseigenen Restaurant kann man sich kulinarisch verwöhnen lassen, bei schönem Wetter wird das Essen auch auf der Terrasse über dem See serviert. Vielleicht erfreuen Sie sich an einem der Fische, die Ruggero gefangen hat, denn der See ist reich an Fischen, und der junge Hotelier soll einer der besten Fischer des Ortes sein.

Restaurants: Das hauseigene Restaurant bietet neben regionalen Spezialitäten eine gute Auswahl an Fischgerichten. Im Ortsteil Bracchio findet man im ›Le Oche di Bracchio‹ (Tel. 032 38 01 22) traditionelle Küche und vegetarische Menüs zu einem guten Preis-Leistungs-Verhältnis. Ristorante ›La Quartina‹ am Rande von Mergozzo (s. S. 135).

Besichtigungen: Chiesa della Beata Vergine, die Dorfkirche im romanischen Stil aus dem 12. Jh. Im Ortsteil Montorfano die **Chiesa di San Giovanni Battista** mit bemerkenswerten Fresken und einem Altar aus buntem Marmor sowie antike **Ausgrabungen** und Granithöhlen.

Ausflugstipps: Im Sommer werden im **Parco Nazionale ›Val Grande‹** nördlich von Mergozzo geführte Wanderungen angeboten (Info: www.parks.it/parco.nazionale.valgrande/index.html). **Domodossola,** ein schöner Gebirgsort im gleichnamigen Tal. Am nur wenige Kilometer entfernten **Lago Maggiore** ist **Stresa** besonders sehenswert. Die kleine Hafenstadt bietet von ihrer langen Uferpromenade aus einen schönen Blick auf die Borromäischen Inseln, zu denen auch Bootstouren angeboten werden. Lohnend ist ebenfalls ein Spaziergang im Park der Villa Pallavicino. Von Stresa aus kann man mit dem Auto oder mit der Seilbahn auf die Spitze des Mottarone fahren und von dort den Ausblick auf die beiden Seen Orta und Maggiore genießen. Der **Sacro Monte** in Ghiffa, einem kleinen Dorf am Ufer des Lago Maggiore nördlich von Verbania. Sehenswert sind die drei Kapellen und die Hauptkirche aus dem 12. und 13. Jh.

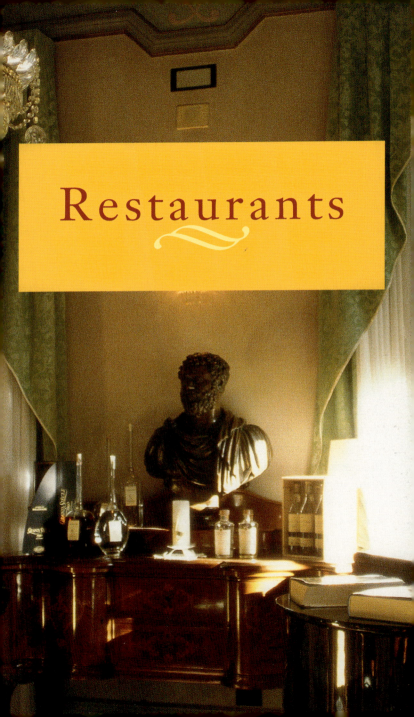

Restaurants

Restaurants

Wer ins Piemont fährt, muss die pure Lust am Essen mitbringen, denn es gibt viel Köstliches zu entdecken. Möglichst viel probieren und dabei dennoch nicht Völlen, das ist die Devise der piemontesischen Küche, deren Menüs immer nach dem gleichen Schema aufgebaut sind. Es gibt mindestens drei Antipasti, einen ersten Gang, einen zweiten Gang, Käse und Dessert. Natürlich muss man nicht alle Gänge essen, aber eines sollte man nie tun, die Antipasti weglassen, denn sie sind das Herzstück jeder Küche. In keiner anderen Region Italiens haben die Vorspeisen einen so hohen Stellenwert wie im Piemont. Jeder Koch präsentiert stolz seine eigenen Kreationen oder einfach nur die frischen Produkte, die meist in der Region wachsen oder produziert werden. Gleiche Grundzutaten werden in jedem Restaurant anders zubereitet, und das macht das Probieren so spannend. Von vielem wenig essen und verschiedene kleine kulinarische Erlebnisse zu einem großen Genuss zusammenfügen, das ist der Reiz der piemontesischen Küche.

Auffallend oft steht hinter dem Herd eines guten Restaurants eine Frau, die die feinsten Gerichte kreiert. So wird das Bild von der Mamma, die in der Küche steht und die Pasta von Hand macht, im Piemont wieder lebendig. Große Namen wie Pina Fassi, Ornella Cornero, Mariuccia Ferrero, Luisa Valazza und Mary Barale prägen die Küche des Piemont. Tatkräftig werden sie von ihren Männern unterstützt, die die kulinarischen Kunstwerke im Lokal kompetent anpreisen. Überhaupt wird Familientradition hier groß geschrieben, und man findet in vielen Häusern die geborgene Atmosphäre der Familie wieder – angefangen bei Großmutter und Mutter in der Küche bis zum Sohn oder Enkel im Service. Die ganze Familie arbeitet hier zum Wohl des Gastes. Man muss sich nur anmelden, telefonisch und manchmal auch durch die Klingel an der Eingangstür, denn hier beginnt die Gastlichkeit schon beim persönlichen Empfang. Selbst sternenbekränzte Häuser sind im Ambiente einfach, gemütlich und ohne viel Chichi. Als Gast fühlt man sich wohl in solch familiärer Atmosphäre, ist sie doch eine wichtige Voraussetzung für den angemessenen Genuss der mit Liebe zubereiteten Speisen. Hingabe, Zeit, Genuss und Freude, all das findet man häufig in den Restaurants, wo man bei einem ›Menu degustazione‹ gut und gerne drei bis vier Stunden verbringen kann.

Die piemontesische Küche orientiert sich ausschließlich an den frischen Produkten der Region, die je nach Jahreszeit möglichst pur und unverfälscht auf den Teller kommen. So findet man neben köstlichen hausgemachten Pastagerichten sehr viel Gemüse, Reis und Geflügel auf den Speisekarten. Die Aromen kommen vom Produkt selbst und werden oft nur mit Olivenöl verfeinert. Ganz besonders stolz sind die piemontesischen Köche auf die hausgemachte Pasta, die neben den Antipasti den wesentlichen Bestandteil eines jeden Menüs darstellt. Das *secondo* kann man also getrost auslassen, wenn sich baldige Sättigung einstellt, aber Antipasti und *primo* gehören zum Pflichtprogramm. Und das ganz zu Recht, wird der Genießer bald feststellen, denn die typischen Antipasti des Piemont sind in Qualität, Zubereitung und Varietät unschlagbar. Allen voran ist das *carne cruda* zu nennen, immer mit dem Zusatz ›battata al coltello‹, frisches rohes Rindfleisch von Hand mit dem Messer fein gehackt und mit Salz, Pfeffer und bestem Olivenöl fein aromatisiert. Dieses typische Antipasto lebt ausschließlich von der Qualität des Fleisches, das nur vom typischen Piemonteser Rind stammt. Ebenso häufig wie *carne cruda* findet man die *fonduta*, eine Sauce

Ein klassisches Gericht des Piemont: bagna cauda

Tipp

Restaurant-Etikette im Piemont

Besonders da, wo der Touristenstrom noch nicht so groß ist, gelten im Piemont die traditionellen Gepflogenheiten ländlichen Lebens. Es gehört deshalb zur Etikette, sich in den Restaurants telefonisch anzukündigen, da oftmals nur nach der Anzahl der Gäste gekocht wird. Die Anmeldung kann kurzfristig sein, zwei bis drei Stunden vor dem Essen reichen meist aus. Außer im Herbst geht's manchmal auch ganz kurzfristig. Man erspart sich vergebliche Wege und den Frust, abgewiesen zu werden.

In der Regel gibt es ein komplettes Menü, das tagesfrisch zubereitet wird. Man zahlt immer den festen Preis für das Menü, auch wenn man einen Gang auslässt. Eine Tatsache, die dem allgemeinen Preis-Leistungs-Verhältnis keinen Abbruch tut. Natürlich kann man auch à la carte einzelne Gerichte bestellen.

Man unterscheidet zwischen Ristorante, Trattoria und Osteria, obwohl zwischen allen keine klare Abgrenzung besteht. Gehobene Häuser mit feinerem Service nennen sich in der Regel Ristorante. Am meisten verbreitet ist die Bezeichnung Trattoria. Hier geht es etwas lockerer zu, aber die Skala reicht auch hier von einfach bis fein. Zwischen Trattoria und Osteria gibt es keinen merkbaren Unterschied. Enoteca ist oft ein Hinweis auf Weinverkauf, Ausschank und die Möglichkeit, Kleinigkeiten zu essen. Die Bar ist in der Stadt wie auf dem Land Treffpunkt für alle. Bei einem Kaffee, einem Glas Wein und einem *spuntino* trifft man sich, es werden Neuigkeiten ausgetauscht und über Gott und die Welt diskutiert. Die Bar ist in ganz Italien fester Bestandteil der Lebensart.

---

aus dem Fontina-Käse des Aosta-Tales. Dieser Käse ist würzig und löst sich gut auf, ideal also, um frische Trüffel oder ein Gemüsetörtchen aus frischem Gemüse der Saison mit seinem zarten Schmelz zu überziehen. In der Sammlung der typischen Antipasti darf *tonno di coniglio* auf keinen Fall fehlen. Hier wird gekochtes Kaninchenfleisch in kleine Stücke zerteilt und in Olivenöl mit frischen Kräutern eingelegt. Das derart marinierte und aromatisierte Fleisch erhält, wie fast alle Speisen, seine ganze Raffinesse nur durch die Frische und Qualität seiner einfachen Ausgangsprodukte.

Einfach, aber mit viel handwerklichem Geschick, werden auch die unzähligen Pastagerichte zubereitet, etwa die *agnolotti al plin*, die kleinen Teigtäschchen mit der Falte, die in kaum einer Speisenfolge fehlen dürfen. Sie sind häufig mit Fleisch gefüllt und werden in Butter oder ganz klassisch ohne Sauce in der Stoffserviette serviert. Tajarin (kleine Tagliatelle), Raviolini und Gnocchi ergänzen die Auswahl, die jeden Gast in den siebten Pastahimmel versetzt. Auf keinen Fall darf bei den *primi* das Risotto fehlen, denn Vercelli, die Metropole des nördlichen Reisanbaus, liefert das beste Ausgangsprodukt für feinste Reis-Gerichte.

Und so trifft man immer wieder auf das große Geheimnis der piemontesischen Küche: Die wichtigen Produkte wachsen oder gedeihen alle vor der Haustür – die ligurische Küste gehört freilich aus historischen Gründen dazu –, denn sie liefert den Fisch und der hat's wirklich nicht weit bis ins Hügelland, sodass der Grundsatz von Frische und Qualität auch hier erhalten bleibt. Wenn der *manzo brasato al Barolo*, der klassische Rinderbraten in Barolosauce, oder das Kaninchen aus dem Backofen (*coniglio al forno*) noch Platz gelassen haben (und dafür sorgen meistens kleine Portionen!), dann kann man sich ganz dem Käse hingeben. Auch hier kommt die Milch, das frische Ausgangsprodukt, direkt aus den umliegenden Tälern und wird häufig auch vor Ort direkt von den Bauern verarbeitet, nur so entstehen Rohmilchkäse von bester Qualität. Und genau wie im benachbarten Frankreich, aber in keiner anderen italienischen Region, ist der Käse fester Bestandteil jeder Speisenauswahl. Die Vielfalt und Qualität der Käse stehen der des französischen Nachbarn in nichts nach, und so schlägt das Herz jedes Käseliebhabers höher angesichts der fantastisch sortierten Platten und Wagen, die an den Tisch rollen. Immer dabei ist die *mostarda* oder *cugna*, eingekochtes Mus aus Trauben, Nüssen und Wein, das mit seinem süßlich-sauren Geschmack den Käse hervorragend ergänzt.

Zum Abschluss des Menüs könnte ein *bunet* folgen, eine der typischsten Nachspeisen der Region. Eine Art Schokoladenpudding mit Haselnüssen präsentiert sich in schier unzählbaren unterschiedlichen Zubereitungsarten und immer nach altem Hausrezept. So kann jeder für sich herausfinden, wo es den besten *bunet* gibt. Diese spannende Vergleichsmöglichkeit gilt auch für die vielen Hausrezepte der Haselnusstorte, die überall anders schmeckt, aber immer lecker.

Und damit sich all dies gut verdauen lässt, gibt es eine grandiose Auswahl an guten Weinen und Destillaten. Gerne präsentieren die Gastronomen ihre gut sortierten und liebevoll eingerichteten Weinkeller. Die Cantina ist der Stolz jedes Restaurants, denn hier liegt alles, was Rang und Namen hat, überwiegend aus dem Piemont, aber auch aus den übrigen Regionen Italiens. Die Fülle der Weine und vor allem ihre Preise sind im Piemont unschlagbar und machen es dem Gast leicht, die passende Begleitung für jede Speise zu finden.

Preiskategorien

Angaben in €	Antipasti	Primo	Secondo	Dessert	Menü
günstig	4–7	5–8	9–10	5–8	15–20
moderat	8–11	9–15	11–22	9–12	21–45
gehoben	12–16	16–22	23–35	13–16	46–75
teuer	17–23	23–45	36–60	17–20	76–125

Asti und Umgebung

1
Ristorante Gener Neuv

Karte: E 7
Lungo Tanaro, 4
14100 Asti
Tel. 01 41 55 72 70
12.30–15, 20–22.30 Uhr; So nur mittags; geschlossen Mo, 24.12.–7.1. und im August.
Kreditkarten: alle gängigen
Preiskategorie: gehoben

Anfahrt: Auf dem Corso Savona vom Palio aus über die Bahngleise Richtung Alba oder Acqui Terme. Kurz vor der Brücke über den Tanaro biegt man links ab und folgt der Beschilderung zum ›Gener Neuv‹. Von Asti aus kann man den Weg über den Corso Savona auch in 15 Min. bequem zu Fuß zurücklegen.

Der Ritter empfängt den Gast am Eingang

Das Restaurant: Asti ohne ›Gener Neuv‹ ist wie ein Menü ohne Wein. Hier muss man einfach hin und die Herzlichkeit der Familie Fassi erleben. Das Haus von Piero und Pina liegt direkt am Tanaro in einem großen Garten und das Wahrzeichen, der Gener Neuv, ziert als große Figur den Eingang. Hier steht er, der Ritter, mit Teller und Gabel bewaffnet und weist den Weg. Gener Neuv ist der piemontesische Name eines Mannes, der schon vor 120 Jahren an diesem Ort eine Trattoria führte. Man sagt, er sei Fischer gewesen und habe seinen Fang hier verkauft. 1971 übernahm die Familie Fassi das Restaurant. Eigentlich hat Piero Fassi den Beruf des Schildermalers erlernt. Fasziniert hat ihn aber schon immer der Umgang mit Menschen. Hinzu kam seine Liebe zum Wein. Beides gute Voraussetzungen, erfolgreich ein Restaurant zu betreiben. Und seine Frau Pina war und ist noch immer eine leidenschaftliche Köchin. Ein halbes Jahr lang servierten sie der Tradition des Hauses entsprechend noch Fisch aus dem Tanaro. Wenn heute Fisch auf der Speisekarte steht, stammt er immer aus dem Meer.

Nach dem obligatorischen Klingeln an der Tür wird man von Piero freundlich empfangen. Der kleine Empfangsraum ist ganz mit Holz ausgekleidet und führt direkt in den Gastraum. Auch hier dominieren warme Holztöne, und auf den alten Deckenbalken kann jeder, der die Sprache beherrscht, Sprüche in piemontesischem Dialekt nachlesen. Die dick gepolsterten Stühle, das Holz und die alten Teppiche geben dem Raum etwas Warmes und Gemütliches.

Das Degustationsmenü, das man sich in diesem Restaurant nicht entgehen lassen sollte, kostet nicht mehr als 60 €. Ein stolzer Preis, der jedoch bescheiden wirkt, wenn man sieht, was dafür von der Sterneköchin geboten wird. Nach dem obligatorischen *stuzzichino*, einem Gruß aus der Küche, folgt als Antipasto etwa eine Scheibe vom Stör mariniert in einer erfrischenden Kapernsauce mit schwarzen Taggiascha-Oliven. Bei der hausgemachten Pasta findet man u. a. *agnolotti ai tre stufati* (Nudeln mit dreierlei Füllung) in Bratensauce. Herausragend bei den *primi* ist die Spezialität des Hauses: *zuppa di lumache al crescione* (Schneckensuppe mit Kresse). Diese Suppe versetzt jeden Schneckenliebhaber in den siebten Gourmet-Himmel.

Bei den Hauptgängen bietet Pina Fassi z. B. eine köstlich gebratene Taube mit einer süß-sauren Sauce aus Akazienhonig und Barolo-Essig (*piccione in agrodolce*) oder ein gefülltes Perlhuhn mit Rosmarin. Bei den Süßspeisen ist das warme Schokoladentörtchen (*tortino caldo al giandoja*) sehr zu empfehlen, das mit einem kühlen Glas Moscato ganz hervorragend harmoniert.

Von September bis Dezember werden viele der Speisen durch die duftenden weißen Trüffel der Langhe und des Monferrato bereichert. Pina wird in der Küche von ihren beiden Töchtern Maria Luisa und Maura dabei unterstützt, derlei Köstlichkeiten auf die Teller zu bringen, die Piero dann mit einem charmanten Lächeln den Gästen serviert. Zuvor empfiehlt er gerne einen guten Tropfen von der sehr umfangreichen und gut sortierten Weinkarte.

Der ausgezeichnete, freundliche Service und die Köstlichkeiten aus der Küche machen den Besuch in diesem Haus zu einem schönen Erlebnis. Wenn es die Zeit erlaubt, kommt auch Pina zur Verabschiedung aus der Küche, und sie freut sich von Herzen, wenn sie ihre Gäste glücklich machen konnte.

In wohliger Atmosphäre lässt sich hier gut speisen

Asti und Umgebung

Ristorante
L'Angolo del Beato

An der Ecke des Glückseligen genießt man unter altem Backsteingewölbe

Karte: E 7
~~Via Guttuari, 12~~ V. lo Cavalleri 2
1410 Asti
Tel. 01 41 53 16 68
12.30–14.30, 19.30–22.30 Uhr;
Geschlossen So, 26.12.–7.1. und eine Woche im Aug.
Kreditkarten: alle gängigen
Preiskategorie: moderat

Anfahrt: Das Restaurant liegt nur wenige Meter vom ›Hotel Aleramo‹ (s. S. 18) entfernt.

Das Restaurant: Dem seligen Enrico Comentina, Nachfahre einer adligen Familie aus Asti, wurde das Restaurant an der Ecke Via Beato Comentina und Via Guttuari unweit des Bahnhofes gewidmet. An dieser Ecke des ›Seligen‹ verwöhnt die Familie Campagna seit vielen Jahren ihre Gäste mit Spezialitäten der Region.

Von außen wirkt das Haus eher verschlossen. Wie bei vielen Häusern im Piemont muss man erst klingeln, um Einlass zu finden. Ist man über die Schwelle getreten, wird man freundlich empfangen. Rechts vom Eingang befindet sich der größere Gastraum mit schöner Gewölbedecke und einer Steinsäule mitten im Raum. Bequeme Holzstühle stehen an den weiß eingedeckten Tischen. Der kleinere Gastraum links vom Eingang ist den rauchenden Gästen überlassen. Vor allem die Antipasti des Hauses, z. B. mariniertes Kaninchenfleisch und hausgemachter Kartoffelsalat, sind weithin bekannt. Man sollte einfach gemischte Antipasti für 15 € bestellen, die auch für zwei Personen reichen, wenn man noch weitere Speisen genießen will. Als Vorspeise und Spezialität des Hauses empfehlen sich die Taglierini mit Entenragout. Bei den Hauptspeisen darf die *finanziera* natürlich nicht fehlen, aber Vorsicht – hier werden Innereien und Hahnenkämme serviert. Wem das nicht mundet, der kann zwischen Fisch und Fleisch in den verschiedensten Zubereitungsarten wählen. Nach dem Hauptgang hat man die Wahl zwischen der obligaten Käseplatte oder Süßspeisen wie *zabaione al moscato* oder weißem Nougat mit warmer Schokolade.

Signor Campagna serviert die Speisen in seiner aufmerksamen, ruhigen Art unterstützt von seiner Frau Paola oder Sohn Marco. Wie in vielen italienischen Restaurants steht auch hier noch die Großmutter in der Küche und macht die Pasta von Hand. Der Hausherr hat schon als Kind gerne Leute bedient und später das Restaurantfach erlernt. Mit den Jahren hat er einen beachtlichen Weinkeller aufgebaut und präsentiert auf der Karte ca. 400 verschiedene Weine – ein wahres Mekka für Weingenießer.

3
Il Convivio,
Vini e Cucina

Karte: E 7
Via G.B. Giuliani, 6
14100 Asti
Tel. 01 41 59 41 88
12–14, 20–21.30 Uhr;
So Ruhetag (außer feiertags)
Kreditkarten: alle gängigen
Preiskategorie: moderat

In der Cantina lagern Danilo und Giuliano die guten Tropfen für ihre Gäste

Anfahrt: Das Restaurant liegt nahe der Kirche S. Secondo mitten in Asti.

Das Restaurant: Danilo Machetti und Giuliano Borello haben eine Passion für Wein. Giuliano ist Önologe, und auch Danilo hat immer in diesem Metier gearbeitet. 1986 eröffneten sie eine Vineria, in der sie ausgesuchte Weine der Region und dazu etwas Käse, Wurst und Schinken anbieten wollten. Aber dieses Konzept funktionierte nicht so recht, denn Piemonteser Weine waren Mitte der 1980er Jahre noch nicht so nachgefragt wie heute.

So entschlossen sich die beiden, aus der Vineria ein Restaurant zu machen. Die gute Qualität der Gerichte brachte schnell Erfolg, und die Räume wurden zu klein. Die Lösung lag direkt auf der anderen Straßenseite, in der ehemaligen Hut- und Taschenfabrik. Nach der Renovierung wurde 1992 das neue, größere Restaurant eröffnet. Der Eingangsbereich ist modern gestaltet mit sehr viel Glas, das den Raum hell und geräumig erscheinen lässt. Weiter hinten harmoniert Terrakottaboden farblich mit den hellen Holzmöbeln. Diverse Weinregale mit einer wohlsortierten Auswahl und die schön gerahmten Werbeplakate an den Wänden tragen zur angenehmen Atmosphäre bei.

Von Anfang an war Carmen Montanaro Küchenchefin. Sie kocht die regionalen Gerichte ohne Schnörkel. Einfach, aber durch frische Kräuter raffiniert verfeinert, eröffnen z. B. marinierte Sardellen das Menü. Als *primo* folgt eine hausgemachte Pasta oder die berühmte Suppe aus Kartoffeln und Bohnen, fein püriert und mit Olivenöl raffiniert abgeschmeckt. Im Hauptgang begeistert ein klassisches Gericht wie geschmorte Lammkeule mit weißen Bohnen und Tomaten. Zur Nachspeise kann man wählen zwischen einer Zusammenstellung feiner Käse der Region oder einer Süßspeise wie Panna Cotta mit Schokoladensauce.

Danilo und Giuliano bringen die leckeren Gerichte persönlich auf den Tisch und beraten die Gäste bei der Weinauswahl. Man kann auch glasweise bestellen, obwohl das bei den moderaten Flaschenpreisen kaum lohnt. Restaurant und Weinkeller sind sehr liebevoll mit vielen Details zum Thema Küche und Wein eingerichtet. Ein geeigneter Ort, um sich einfach, aber gut verwöhnen zu lassen.

Il Campanaro

Karte: E 7
Serra Perno, 76/77
14033 Castell'Alfero
Tel. 01 41 20 40 09
19.30–21.30 Uhr, Mi Ruhetag
Kreditkarten: alle gängigen
Preiskategorie: moderat

Anfahrt: Von Asti auf der Schnellstraße Richtung Casale Montferato. Die Tangeziale endet in Portacomaro Stazione. Hier kommt man auf die Straße Richtung Casale. Hinter Portacomaro Stazione geht sehr bald links eine kleine Straße nach Serra Perno. Ein Schild weist den Weg zum Restaurant gelangt.

Das Restaurant: Duilio Moiso und seine Frau Anne-Françoise haben sich 2003 entschlossen, das ›L'Altra Campana‹ im Zentrum von Asti zu verlassen und das ›Il Campanaro‹ in Perno zu eröffnen. Hier auf dem Dorf haben sie begonnen, ihren Traum zu verwirklichen vom eigenen Ristorante mit großem Garten und herrlichem Ausblick auf die Weinberge.

Auf den Terrassen vor und hinter dem Haus lässt sich mit Vergnügen speisen. Man hört nur die Grillen und das Summen der Bienen, ansonsten herrscht hier ländliche Ruhe. In der kühleren Jahreszeit bietet der kleine gemütlich eingerichtete Speiseraum Platz für etwa 30 Personen, für die Duilio selbst mit Hingabe kocht.

Eine große Glasscheibe gewährt dem Gast Einblick in das Herz eines jeden Restaurants. Hier entstehen die fantastischen Agnolotti. Der italienische Gastrokritiker Massobrio zählt

Duilio und Anne-Françoise Moiso erfüllen sich in Serra Perno einen Traum

sie zu den besten. Aber vor dem Primo kommen noch fünf Antipasti auf den Tisch. Die typischen und im Sommer sehr erfrischenden Paprika mit Anchovis eröffnen den köstlichen Reigen. Es folgen eine Terrine aus Geflügelfleisch und Ziegenkäse aus Roccaverano mit schwarzen Sommertrüffeln. Beendet wird die Antipasti-Runde mit fein geschnittenem Schweinebraten in Tomaten-Basilikum-Sauce. Zum Abschluss sollte man sich vielleicht noch einen Nachtisch gönnen, wie die mit Amaretti gefüllten Pfirsiche oder das Halbgefrorene von frischen Erdbeeren.

Wem danach ist, der sollte im Herbst und im Winter nach der Käseplatte fragen, denn der Hausherr ist ein ausgewiesener Käsespezialist. Und natürlich hat er auch den passenden Wein parat, denn neben seiner Tätigkeit in der Gastronomie widmete sich Duilio Moiso von Anfang an auch der Verkostung von Weinen und gründete schon vor vielen Jahren die Weinbar ›Al Beato Bevitore‹ in Asti. Er versteht sich als Campanaro, der den Klang der Glocken der nördlichen Astigiana-Region mit all ihren Köstlichkeiten in die Welt trägt.

Tipp

Die weißen Diamanten des Piemont

Für alles im Leben gibt es seine Zeit, Weihnachten ist immer im Dezember und Ostern, wenn die Pflanzenwelt zu erwachen beginnt. Und von Oktober bis Dezember ist die Zeit der Pilgerfahrt ins Piemont, wenn man dort der Weißen Trüffel aus Alba huldigt.

Trüffel sind noch teurer als der beste Kaviar. Die Trüffelsucher haben für die stetig wachsenden Preise immer eine passende Erklärung parat: Mal hat es zu viel geregnet, mal zu wenig, mal war es zu heiß... Egal wie, das Kilo kostet heute um die 4000 €.

Die Wissenschaft entdeckte die Trüffel erst vor etwa 200 Jahren. Es gibt zahlreiche Arten, kulinarisch interessante und sogar giftige. Den Feinschmecker interessieren aber nur einige wenige und die tragen alle den Namen *tuber*. ›Tuber aestivum‹ heißt die Sommertrüffel, die von Mai bis November dem Feinschmecker zur kulinarischen Verfeinerung dient. ›Tuber nigrum‹ oder ›Tuber melanosporum‹ sind wie die Sommertrüffel schwarz und kommen in normalen Zeiten auf den Tisch. Doch das Herz des Trüffelfreundes schlägt höher in der Zeit von Oktober bis November, wenn die Zeit des ›Tuber magnatum pico‹ angebrochen ist, der auch unter der Bezeichnung Piemont- oder Albatrüffel zu finden ist.

Die weiße Trüffel isst man roh, zu wenig aufwändigen Gerichten: Rührei, Spiegelei, Nudeln, Risotto und Fonduta eignen sich bestens. Butter unterstreicht das Aroma. Mit einem Hobel werden hauchdünne Scheiben über das Gericht verteilt. Aber Vorsicht, mit jeder Hobelbewegung steigt der Preis. Trüffel sind nicht billig, und ihr Einkauf ist Vertrauenssache, denn weiße Trüffel lassen sich nicht wirklich konservieren. Auf keinen Fall sollten sie in Reis gelagert werden, denn der entzieht dem Pilz die Feuchtigkeit. Küchenpapier und ein luftdicht verschließbares Gefäß sind der beste Aufbewahrungsort. Trotzdem erfüllt der Duft der Trüffel innerhalb kürzester Zeit jeden Raum. Man sollte sich daher gut überlegen, ob man eine Knolle für den Eigenimport erwerben möchte, denn manch einer behauptet: »Trüffel stinken!« Für andere ist der Duft betörend, ja ein Aphrodisiakum. Mehr als vier Fünftel der Trockenmasse bestehen aus flüchtigen Substanzen. Manche sind dem männlichen Sexualhormon Testosteron ähnlich und ansonsten nur in Urin oder Schweiß nachweisbar. Und es ist dieser Stoff, den die Trüffelhunde wahrnehmen, auch wenn der Schlauchpilz sich bis zu zwei Metern unter der Erde versteckt.

Die knollenförmige Frucht besteht aus einer fleischigen Masse, die verschiedene Farben von weiß bis grau-braun aufweisen kann. Die Farbe wird übrigens bestimmt durch die Pflanze, mit der die Trüffel zusammenlebt.

Im Herbst kann man in Verkostungskursen alles über die Trüffel erfahren (Reservierung über: Consorzio Turistico Langhe Monferrato Roero, Piazza Medford, 3; 12051 Alba; Tel. 017 33 58 33; www.langheroero.it).

Asti und Umgebung

Trattoria I Bologna

Karte: F 7
Via Nicola Sardi, 4
14030 Rocchetta Tanaro
Tel. 01 41 64 46 00
Mittags ab 13, abends ab 20 Uhr –
nur auf Vorbestellung; Di Ruhetag;
geschlossen 10. Jan.–10. Febr.
Kreditkarten: keine
Preiskategorie: moderat

So schön angerichtet kommt die Hähnchenbrust selten auf den Teller

Anfahrt: Von der Ausfahrt Asti Est über die SS 10 Richtung Alessandria. Hinter Castello d'Annone rechts ab Richtung Nizza Monferrato. Die Trattoria liegt am Ortsrand von Rocchetta Tanaro

Das Restaurant: Schon in den 1950er Jahren führte die Mutter der Bologna-Brüder Giacomo und Carlo eine Trattoria im verschlafenen Rocchetta Tanaro. Vater Giuseppe bewirtschaftete nebenbei seinen eigenen Weinberg. Sonntags ging er zum *pallone elastico*, einer Piemonteser Art des Faustballs, wurde einer der besten auf dem Spielfeld und erhielt den Spitznamen ›Braida‹, den Sohn Giacomo später für sein Weingut wählte, heute eines der bedeutendsten Italiens. Giacomo mochte sich nicht damit abfinden, das piemontesische Winzer nicht einen Wein aus der Barberarebe keltern konnten, der dem glich, was er von Winzern in den USA vorgesetzt bekam. Er experimentierte und kreierte den Bricco dell'Uccellone, der zu den besten Weinen Italiens zählt.

Sein Neffe Giuseppe, genannt Beppe, bestimmt als gelernter Koch zusammen mit seiner Mutter Maria die Geschicke in der Küche. Vater Carlo empfängt die Gäste und widmet sich dem Weinservice. Die Einrichtung der Trattoria ist schlicht mit schönen Holzstühlen und weiß gedeckten Tischen. Im Winter verbreitet der Kamin wohlige Wärme. Wenn es warm genug ist, kann man auch auf der Terrasse speisen. Freundlich und familiär geht es hier zu.

Die unverfälschte Qualität der lokalen Produkte steht im Vordergrund. Zu Beppes Spezialitäten zählen gegrillte Lammkoteletts, schmackhaftes Kalbfleisch mit Thunfischsauce und natürlich traditionelle Pastagerichte wie hausgemachte Tagliolini oder saftige Kartoffelgnocchi mit Würstchensauce. Auch der frische Ziegenkäse mit *mostarda d'uva* (Traubenmostmarmelade) darf in der Speisenfolge nicht fehlen. Entsprechend der Jahreszeit gibt es zum Dessert z. B. ein Törtchen aus Erdbeermousse, das auf der Zunge zergeht und mit einem Glas Moscato jeden Genießer dahinschmelzen lässt. Der Weinkeller ist gut sortiert, man kann sich von Carlo beraten lassen, der natürlich am liebsten Braida-Weine ausschenkt, auch ältere Jahrgänge, die auf dem Weingut selbst nicht mehr angeboten werden.

6
Ristorante San Marco

Karte: E 8
Via Alba, 136
14053 Canelli
Tel. 01 41 82 35 44
12–14, 20–21.30 Uhr;
geschlossen Di abends, Mi
Kreditkarten: alle gängigen
Preiskategorie: moderat bis gehoben

Das Auge isst mit: kunstvoll angerichtete Speisen im San Marco

Anfahrt: Von der SS 456 aus fährt man durch das Industriegebiet von Canelli Richtung Zentrum. Dort gelangt man auf eine große Kreuzung, fährt rechts ab, folgt dem Straßenverlauf und biegt links in die Via Alba.

Das Restaurant: Das ›San Marco‹ liegt zwischen Langhe und Monferrato, wo die Hügel sanfter werden und die Moscatoreben ein ideales Klima gefunden haben. Den Namen verdankt es der Kirche San Marco, zu der früher die Bäuerinnen aus der Umgebung pilgerten, um für das Ausschlüpfen der Seidenraupen zu beten. Heute gibt es die Kirche nicht mehr, und auch Seidenraupen werden nicht mehr gezüchtet. Aber das ›San Marco‹ gibt es immer noch und auch den Duft von Weintreber und Muscatwein, der ab und an zwischen den Linden schwebt.

Mariuccia Ferrero ist eine der besten Köchinnen des Piemont. Unterstützt wird sie von den beiden Kindern, der Großmutter und Ehemann Piercarlo. Er ist zuständig für Weinauswahl und -service. Als Präsident der Genossenschaft der Trüffelsucher trägt er im Herbst wesentlich dazu bei, dass im Restaurant die besten und frischesten Trüffeln auf den Tisch kommen. Mariuccias Passion fürs Kochen zeigt sich in ihren Gerichten und der besonders charmanten Art, diese am Tisch zu präsentieren. Die klassische *fonduta piemontese* (Sauce aus Fonduta-Käse) darf natürlich auf der Karte nicht fehlen. Sie gibt bei den Antipasti z. B. gedünsteten Artischockenherzen den richtigen Schmelz.

Zur Auswahl bei der hausgemachten Pasta stehen u. a. *agnolottini al plin* (kleine Ravioli mit Falte), die in einer Serviette serviert werden, oder *tajarin* (sehr fein geschnittene Nudeln), *bistecchine di capretto alla griglia* (köstlich gegrillte Koteletts vom Zicklein) oder zur Osterzeit frischer grüner Spargel aus Vinchio mit Parmesan und einem gebackenen Ei. Ein wahrer Traum für Dessertliebhaber ist das Gianduja-Schokoladentörtchen mit Minzsauce und *torrone* (den Mariuccia selbst herstellt). Aber auch die in Moscato karamellisierten Orangen mit cremigem Eis könnten ein fantastisches Menü beenden. Mariuccia fertigt auch das köstliche Gebäck zum *caffè* selbst an, das man auch abgepackt kaufen kann. Spätestens beim Dessert wird klar, dass man an einen solchen Ort des Genusses zurückkehren muss.

Asti und Umgebung

7
Ristorante Violetta

Karte: E 8
Valle San Giovanni, 1
14042 Calamandrana
Tel. 01 41 76 90 11
12.30–15, 20–22.30 Uhr; geschlossen
Mi, So und Di abends sowie 20 Tage
im Jan. und 10 Tage im Aug.
Kreditkarten: alle gängigen
Preiskategorie: moderat

Anfahrt: Von Nizza Monferrato aus biegt man in Calamandrana rechts ab in Richtung San Marzano Oliveto, fährt bis an eine T-Kreuzung und rechts den Berg hinauf Richtung Valle San Giovanni. Das Restaurant liegt am Ortseingang auf der linken Seite.

Das Restaurant: Im schön bepflanzten Hof steht ein blauer Holzkarren. Solche Violetta genannte Karren wurden hier früher hergestellt und gaben dem Restaurant seinen Namen. Seit 1970 kocht Maria Lovisolo hier typische Piemonteser Gerichte mit Produkten aus der Umgebung. Schon bei der Ankunft ziehen dem Gast die verführerischsten Düfte in die Nase. Drinnen wird man freundlich von Sohn Carlo empfangen, der sich auch um den Weinservice kümmert. Das Restaurant besteht aus dem großen Gastraum, dem kleinen Empfangsraum und einem Nebenraum für Gruppen. Der Gastraum ist mit schlichter weißer Tischwäsche und alten dunklen Holzmöbeln einfach eingerichtet. Drinnen wie draußen herrscht angenehme ländliche Ruhe.

Unterstützt von ihrer Schwiegertochter zaubert Maria herrliche Gerichte wie hausgemachte *agnolotti* oder *faraona farcita*, gefülltes Perlhuhn. Natürlich fehlt auch der klassische Schmorbraten nicht auf der Karte. Die *mostarda* zum Käse und die Pasta sind selbstverständlich hausgemacht. Das Abendmenü mit vier bis fünf Gängen kostet 35 €, mit Wein 40 €. Die Herzlichkeit der Familie und das feine ländliche Essen machen dieses Restaurant für jeden Genießer reizvoll.

Hausgemachte Pasta gefällig?

Trattoria
Da Bardon del Belbo

Karte: E 8
Valle Asinari, 25
14050 San Marzano Oliveto
Tel. 01 41 83 13 40
12.30–15, 20–22 Uhr; geschlossen Mi,
Do sowie Mitte Dez.–Mitte Jan.
Kreditkarten: alle gängigen
Preiskategorie: moderat

Bardons Team mit dem Winzer
Michael Schaffer von La Luna del Rospo

Anfahrt: Von Nizza Monferrato aus biegt man in Calamandrana von der Hauptstraße rechts ab Richtung Marzano Oliveto. An der T-Kreuzung fährt man links und folgt dem Schild ›Ristorante Bardon‹. Das Haus liegt rechts der Straße auf einer kleinen Anhöhe.

Das Restaurant: Gioacchino ›Gino‹ Bardon ist der Chef des Hauses, das auf eine lange Tradition zurückblicken kann. Sein Urgroßvater Giuseppe eröffnete an der Stelle des heutigen Restaurants eine Osteria mit Stallungen. Hier trafen sich die Kaufleute auf ihrer Reise von oder nach Nizza Monferrato, um zu essen und die Pferde zu wechseln. Giuseppino, Ginos Vater, machte dann zusammen mit seiner Frau Anna, einer leidenschaftlichen Köchin, aus der ehemals einfachen Osteria ein gutes Ristorante.

Bardon hat den größten Weinkeller des ganzen Piemont. Schon seine Großmutter sammelte Wein, und auch sein Vater entwickelte eine Passion für gute teure Flaschen. Also begann auch Gino in jungen Jahren, systematisch einen Keller aufzubauen. Heute kann er eine beachtliche Sammlung von guten Flaschen aus der ganzen Welt vorweisen. Die Weinkarte, die mehrfach als beste Italiens ausgezeichnet wurde, umfasst ca. 1200 Positionen, und in der Cantina kommen noch einmal 300 dazu. Man sollte also genügend Zeit einplanen, um die Karte zu studieren. Natürlich kann man sich die Sache auch leichter machen und auf den fachmännischen Rat des Chefs vertrauen.

Das Restaurant wirkt von außen wie ein einfaches Landhaus. Auch in den Governing hat man zunächst das Gefühl, im Wohnzimmer zu stehen. Hier geht es sehr familiär zu, und Gino weist den Gästen freundlich einen Tisch zu. Noch immer stehen Ginos Eltern am Herd und kochen eine *zuppa di pasta e fagioli*, eine typisch Piemonteser Suppe aus Nudeln und Bohnen oder aber die berühmten Ravioli mit der Falte (*con plin*). Als Hauptspeise wird viel Geflügel aus der Umgebung angeboten. Wenn der Koch die Muße dazu hat, präsentiert er dem Gast das Geflügel zunächst roh und diskutiert über die verschiedenen Zubereitungsarten.

Ristorante La Fioraia

Karte: E 7
Via Mondo, 26
14034 Castello di Annone
Tel. 01 41 40 11 06
12.30–15, 20–22.30 Uhr; geschlossen
Mo sowie 7.–20. Jan., 1.–15. Aug.
Kreditkarten: alle gängigen außer AmEx
Preiskategorie: gehoben

Anfahrt: Von Asti aus über die SS 10 Richtung Alessandria bis Castello d'Annone, dort hinter einer Linkskurve von der Hauptstraße links ab. Ab hier ist das Restaurant ausgeschildert. Man folgt der verkehrsberuhigten Straße bergauf bis zum Restaurant.

Das Restaurant: Mitten in einem Wohngebiet liegt versteckt in einem scheinbar ganz normalen Wohnhaus ›La Fioraia‹. Das Haus ist von vielen Blumen umgeben und erhielt den passenden Namen von der schönen Blumenhändlerin Mimi, *la bella fioraia* aus Puccinis lyrischer Oper ›La Boheme‹.
Ornella Cornero kocht zusammen mit ihren Kindern Manuela und Maurizio. Ornellas Mann Mario kümmert sich um den Wein und bringt die Köstlichkeiten aus der Küche auf den Tisch. »Ornella hat goldene Hände«, erzählt man sich in der Region. Sie ist die Beste in der Küche – da sind sich viele uneingeschränkt einig. Dennoch bleibt dieses Restaurant eher den Einheimischen vorbehalten, denn Ornella legt keinerlei Wert auf Sterne oder Bestecke in den gängigen Führern.

Man sollte sich Zeit lassen in diesem Restaurant, denn der Genuss der sorgsam zubereiteten Speisen bleibt

Die wichtigste Basis für gute piemontesische Küche: frische Produkte der Region

unvergesslich. Empfehlenswert ist das Gourmetmenü für 55 €, das aus sechs Gängen und einem *stuzzichino* (Appetitanreger) besteht. Das Angebot auf der Karte richtet sich nach dem Markt und den Jahreszeiten. Ein frischer Frühlingssalat mit saftiger Entenbrust und Artischocken oder ein Törtchen aus feingeschichteter Hühnerbrust mit Gänseleber verfeinert mit Nussöl sind nur zwei Beispiele aus der Antipasti-Auswahl. Gebratene Kaninchenleber mit Aceto Balsamico oder das Zicklein aus dem Ofen mit einer Sauce aus Moscato schmeicheln dem Gaumen im Hauptgang, bevor die Krönung folgt: die Desserts von Maurizio. Crème brulée aus weißer Schokolade – das liest sich einfach und unspektakulär. Die Creme ist jedoch von feinster Konsistenz und im Geschmack unvergleichlich. Natürlich darf auch der hausgemachte weiße Nougat nicht fehlen, der mit einer Schokoladensauce daher kommt. Gern lässt man sich in dem schönen hellen, in Pastelltönen gehaltenen Raum mit seinen vielen bunten Blumen derart kulinarisch verwöhnen.

Locanda del Boscogrande

10

Karte: E 7
Via Boscogrande, 47
14048 Montegrosso d'Asti
Tel. 01 41 95 63 90
12–14, 20–22 Uhr; Di Ruhetag
Kreditkarten: alle gängigen außer American Express
Preiskategorie: moderat
Zimmer: EZ 95 €, DZ 130 € inkl. Frühstück, Halbpension 100 € pro Person im DZ, im EZ 100 €.

Anfahrt: Von der SS 456 Richtung Isola d'Asti biegt man am Ortsende von Montegrosso links ab Richtung Vallumida oder Messadio. Man fährt durch Vallumida und fast am Ortsende links ab den Berg hinauf. Hier ist die Locanda ausgeschildert.

Das Restaurant: In den Gebäuden eines alten Bauernhofes auf einem Hügel des Monferrato befindet sich dieser wunderschöne Gasthof, in dem man auch übernachten kann. Die wenigen Zimmer wurden genauso wie das Restaurant luxuriös renoviert und eingerichtet. Daniele Duretto und Donato Brusco empfangen die Gäste, kochen köstliche piemontesische Speisen und sind bei der Weinauswahl behilflich.

Das Restaurant besteht aus einem großen hellen Raum, der durch eine alte Kommode und eine Glasvitrine aufgeteilt wird und mit pastellfarbenen Stoffen und frischen Blumen geschmackvoll eingerichtet ist. Von den großen runden Tischen aus hat man einen schönen Blick in den Garten und auf den Swimmingpool. Auf die *stuzzichini*, den Gruß aus der Küche, folgen drei Antipasti wie z. B. eine kleine Fischroulade mit Thunfischsauce oder das klassische, mit dem Messer gehackte *carne cruda*. Je nach Saison könnten ein Spargeltörtchen oder eine *fonduta* mit frischen Pilzen folgen. Als *primo* gibt es natürlich *agnolotti al plin* mit feiner Fleischfüllung oder Gnocchi mit Castelmagno-Sauce. Auch dieser Gang lässt noch Platz für eine Perlhuhnroulade gefüllt mit einer Fleischfarce und frischen Kräutern. Auch der klassische Braten mit Sauce fehlt nicht auf der Karte. Abgerundet wird das Menü mit einer Panna cotta, hausgemachtem Eis oder einer frisch geschlagenen Zabaione. Das Menü kostet 40 € ohne Getränke und wird dem Gast am Tisch mündlich präsentiert. Mittags gibt es auch ein kleines Menü für 21 € (zwei Antipasti, ein *secondo* und ein *dolce*). Das Haus ist ideal für ein paar Tage Aufenthalt mit Halbpension.

Ruhe, gutes Essen und ein Bett für die Nacht bietet die Locanda del Boscogrande

Trattoria della Posta

11

Karte: D 8
Localita Sant'Anna, 87
12065 Monforte d'Alba
Tel. 01 73 7 81 20
12.30–15, 20–22 Uhr;
geschlossen Do u. Fr mittags und Febr.
Kreditkarten: alle gängigen
Preiskategorie: moderat

Die ideale Liaison: Trüffel und Fonduta verzaubern manches Gericht

Anfahrt: Am Marktplatz in Monforte links Richtung Roddino. Man folgt dieser Straße ca. 2–3 km und findet das Restaurant auf der linken Seite.

Das Restaurant: »Schon immer haben in unserer Familie die Frauen gekocht«, erzählt Gianfranco Massolino, »ich bin in der vierten Generation der erste Mann am Herd«. Bereits 1875 eröffnete sein Urgroßvater in Monforte d'Alba eine kleine Osteria. Seine Frau stand am Herd, und er bediente die Gäste, bis die Eltern schließlich das Küchenzepter an ihren Sohn Gianfranco abgaben. Um noch mehr über die regional betonte Küche zu lernen, sammelte er Erfahrungen in Frankreich, und so findet man heute auf der Karte der Trattoria auch schon mal eine wohl zubereitete Gänseleber wieder.

Gianfranco hat inzwischen die alten Räumlichkeiten verlassen und sich in einem schönen gelben, von Feldern und Weinbergen umgebenen Haus etwas außerhalb von Monforte niedergelassen. Vom Empfangsraum gelangt man in den großzügigen Gastraum, der auch für Gruppen unterteilt werden kann. Alte Bilder, restaurierte Holzmöbel sowie pastellfarbene Stoffe und viele Blumen bilden eine feine, aber nicht zu edle Atmosphäre im Landhausstil.

Gianfrancos Frau Claudia sorgt für einen lockeren und besonders freundlichen Service. Sie geht mit großer Herzlichkeit auf die Wünsche ihrer Gäste ein und freut sich, wenn man sich wohlfühlt. Fachkundig empfiehlt sie zu den köstlichen Speisen einen guten Tropfen der Region.

Den Reigen der Antipasti eröffnet das klassische *carne cruda*, natürlich von Hand gehackt, gefolgt von einem erfrischenden Salat mit Hähnchenbrust und Toma-Käse und schließlich einem pochierten Ei in *fonduta*-Sauce mit schwarzen Trüffeln. Grüne Ravioli, gefüllt mit der berühmten Wurst aus Bra, leiten über zum Kaninchen mit Speck und Kräutern im Hauptgang. Ein Birnentörtchen in einer köstlichen Sauce aus Orangen und Birnen bildet den Abschluss. Ein unschlagbares Preis-Genuss-Verhältnis angesichts der Qualität der Speisen. »In der geräumigen Küche können wir in der Saison auch noch größere Menüs anbieten oder Spezialitäten, die aufwändiger sind in der Zubereitung, z. B. *anguilla marinata*«, erzählt Gianfranco. Gerne verabschiedet er seine Gäste persönlich und freut sich, wenn sie zufrieden sein Haus verlassen.

Die Langhe

12
Osteria La Salita

Karte: D 8
Via Marconi, 2/A
12065 Monforte d'Alba
Tel. 01 73 78 71 96
Mi–Sa 19.30–1, So 12.30–1 Uhr;
geschlossen Jan. und Febr.
Kreditkarten: VISA und Mastercard
Preiskategorie: günstig

Anfahrt: Von der Piazza Richtung *centro storico* bergauf, in einer Nebenstraße durch einen niedrigen Torbogen und über einen holprigen Steinweg zum mit grünem Schlinggewächs umwucherten Eingang.

Das Restaurant: Ein ganz besonderes Lokal ist diese Osteria. Man betritt einen hohen weiß gestrichenen Raum. Links führt der Weg an wenigen Tischen vorbei zur Cantina, die durch eine Glastür zu besichtigen ist. An der langen Theke rechts vom Eingang kann man den Aperitif nehmen oder einfach nur ein Glas Wein genießen. Eine breite Treppe führt hinauf in den Speiseraum, der mit modernen Bildern dekoriert ist. Auch die Einrichtung ist modern und einfach, mit großen Pflanzen und hellen Leuchten ausgestattet. Modernes Interieur in altem Mauerwerk wurden hier reizvoll kombiniert.

Die Speisen werden auf einer Glastafel angeboten, die am Treppenaufgang hängt. Man findet typische Gerichte wie *insalata russa, involtini di melanzane* oder eine köstliche *crema di fave e piselli* (Suppe aus Bohnen und Erbsen). Den drei Frauen in der Küche kann man beim Kochen zuschauen, denn ein großes Fenster gibt den Blick ins Allerheiligste frei. Das Publikum ist sehr gemischt, Einheimische und Touristen, Junge und Alte sitzen hier in lockerer Atmosphäre zusammen. Es gibt kein festes Menü, man bestellt von der Tafel. Sei es nur eine gemischte Käseplatte mit einem Glas Wein oder eben ein Hauptgericht. Auch die Antipasti können einzeln bestellt werden.

Emilio Zanardo aus Liechtenstein hat aus dem ›Salita‹ einen beliebten Treffpunkt am Abend auch für das jüngere Publikum aus dem Ort gemacht. Und wer seinen Grappa lieber unten an der Bar nehmen will als oben am Tisch, der steht vielleicht neben einem der Jungwinzer vom Ort und gerät unvermittelt ins Gespräch.

Versteckt liegt der Eingang zum beliebten Treffpunkt von Einheimischen und Touristen

Die Langhe

13
Ristorante Vecchio Tre Stelle

Karte: E 8
Localita Tre Stelle
12050 Barbaresco
Tel. 01 73 63 81 92
12–13.30, 19.30–21 Uhr;
geschlossen Di sowie Jan. u. Juli
Kreditkarten: alle gängigen
Preiskategorie: moderat bis gehoben
Zimmer: DZ 75 €, EZ 55 € inkl.
Frühstück, Halbpension im DZ 65 €
pro Person, im EZ 70 €.

Anfahrt: Auf der SS 231 fährt man von Asti kommend hinter San Antonio an der großen Kreuzung links ab Richtung Barbaresco, dann an Barbaresco vorbei Richtung Treiso. Das Restaurant liegt einige Kilometer außerhalb von Barbaresco im Ortsteil Tre Stelle auf der linken Straßenseite.

Das Restaurant: Fast fährt man vorbei an dem sehr unscheinbar wirkenden Haus direkt an der Verbindungsstraße zwischen Barbaresco und Treiso. Nur das blaue Schild über der Eingangstür weist darauf hin, dass hinter der Fassade ein Restaurant versteckt ist, eines der besten der Umgebung übrigens. Die Häuser gehören zu Barbaresco, befinden sich aber außerhalb im Ortsteil Tre Stelle. Die drei Sterne stehen für die drei Weinorte Neive, Barbaresco und Treiso, deren Straßen sich hier kreuzen. Schon vor 130 Jahren gab es hier eine Trattoria, die der alten Poststation angeschlossen war und wo sich schon damals die Reisenden stärken konnten. Bis heute ist dieser Ort ein kulinarischer Treffpunkt geblieben, allerdings hat sich das Niveau von Speisen und Ambiente sehr gesteigert.

Wenn man das Restaurant betritt, gelangt man in einen Empfangsraum, der mit alten Möbeln und einer Sitzecke ausgestattet ist und den wenigen Hotelgästen auch als Salon dient. Von hier aus geht es weiter in das große Restaurant, das in zwei Räume eingeteilt ist. Die Tische sind großzügig verteilt. Der hellbraune Steinboden

Die Brüder Flavio und Daniele Scaiola

Gefüllte Zucchiniblüten in Safransauce

harmoniert gut mit den blauen und gelben Farbtönen der Wände und der Stoffe. Wenig Schnörkel und eine unaufdringliche Eleganz lassen die Speisen in den Vordergrund treten.

Flavio und Daniele Scaiola sollten nach dem Wunsch der Mutter etwas Bodenständiges lernen. Elektriker und Installateur hatte sie sich vorgestellt, aber daraus wurde nichts, denn die beiden Söhne gingen lieber ihrer Passion nach. Flavio erlernte das Handwerk des Kochens und Daniele den Service, denn er wollte schon als Kind immer gerne Leute bedienen. Zwei Brüder, die mit ihrer Profession gut zusammenpassen und deshalb nach Abschluss ihrer Ausbildung beschlossen, das Haus in Tre Stelle zu übernehmen. Ein paar Zimmer gehörten schon immer dazu, und so wurde das Ganze nach gründlicher Renovierung und geschmackvoller Einrichtung der Räumlichkeiten zu einer runden Sache, die zur Zeit von einem Michelin-Stern gekrönt wird.

Die Preise sind für diese Auszeichnung moderat, denn man bekommt im Menü für 40 € drei Antipasti, ein *primo*, ein *secondo* und ein Dessert. Den Reigen eröffnete ein in Kapernsauce mariniertes Kaninchenfilet, gefolgt von gefüllten Zucchiniblüten in Safransauce und fantastisch duftenden Steinpilzen im Pergament. Die Raviolini mit der Falte in Bratensauce leiten über zum Hauptgang. Die Perlhuhnbrust in Sauvignon lässt immer noch Platz für ein Dessert. Mit der pochierten Birne in eingekochtem Sirup von Barbaresco versetzt Flavio den Gast endgültig in den siebten Genießerhimmel und lässt die Lust aufkommen, noch einmal hier zu speisen. Daniele rundet das Dessert gerne mit einem Moscato d'Asti ab, der auch schon als Aperitif hervorragend mundete. Schließlich sitzt man hier mitten drin, in der Moscato-Gegend, und manchmal passt eben ein großer Rotwein nicht.

Die Langhe

14
La Ciau del Tornavento

Karte: E 8
Piazza Baracco, 7
12050 Treiso
Tel. 01 73 63 83 33
12–14, 20–22 Uhr; geschlossen Mi
sowie Mitte Jan.–Mitte Febr.
Kreditkarten: alle gängigen außer
AmEx
Preiskategorie: moderat bis gehoben

Die süßen Versuchungen sollte man sich nie entgehen lassen!

Anfahrt: Auf der SS 231 von Asti kommend hinter San Antonio an der großen Kreuzung links ab Richtung Barbaresco, dann an Barbaresco vorbei Richtung Treiso. Dort liegt das Restaurant mitten im Ort.

Das Restaurant: »Welches Vergnügen, Appetit zu haben, wenn man die Gewissheit hat, bald ein hervorragendes Gericht zu bekommen.« Diesen Satz des Küchengroßmeisters Brillat Savarin haben Maurilio Gavola und Nadia Benech als Leitspruch auf ihrer Karte. Sie sind zwar erst seit 1997 in diesem Haus mit einem atemberaubenden Panoramablick mitten in Treiso, doch einen Stern hatten sie schon früher, in ihrem alten Restaurant vor den Toren Turins.

An ihrem Ruhetag zog es die beiden immer wieder in die Weinkeller von Roero und Langhe. Ein Winzer vermittelte ihnen schließlich das Lokal ›Tornavento‹ im Barbarescogebiet. Einrichtung und Küche wurden komplett erneuert. Der große Speisesaal ist optisch in unterschiedliche Zonen aufgeteilt. Die Tische sind großzügig eingedeckt, denn schließlich hat man genügend Raum zur Verfügung. Dazwischen gibt es hübsche Dekorationsstücke, eine alte Waage hier und eine von Hand angetriebene Wurstschneidemaschine dort. Die braucht Maurilio nicht mehr, wenn er zusammen mit Mariolo Allochis in der Küche das Gemüse für den Kaninchensalat (*tonno di coniglio*) so fein schneidet, dass es kleiner kaum geht. Eine Kirschtomate, entkernt und mit russischem Salat gefüllt, ein Carpaccio vom Branzino in Limettensauce oder ein traditionelles *vitello tonnato* ergeben ein herrliches Antipasto.

Es gibt drei verschiedene Menüs, die von den unterschiedlichen Winden künden, die Maurilio in seiner Küche vereint und die auch dem Restaurant seinen Namen gaben: ein Piemonteser Menü, das sich der traditionellen Küche verpflichtet sieht, ein Fischmenü, das die Einflüsse Liguriens und des Meeres aufnimmt, und das Menü Creativo, das von der französischen Küche beeinflusst wird. Alle Produkte sind von feinster Qualität und hervorragend zubereitet.

Zu erwähnen bleibt noch die Käseplatte. Der Käse reift in einem klimatisierten Raum direkt neben der Cantina, in der Hunderte von Flaschen aus Piemont und anderen Teilen der Welt auf den Korkenzieher warten.

Trattoria La Coccinella

15

Karte: E 8
*Via Provinciale, 5
12050 Serravalle Langhe
Tel. 01 73 74 82 20
12.30-14, 20-22 Uhr; geschlossen Di u.
Mi mittags sowie Jan. u. Anfang Juli
Kreditkarten: alle gängigen
Preiskategorie: moderat*

Anfahrt: In Monforte am Marktplatz links ab Richtung Roddino, an Roddino vorbei bis zur T-Kreuzung und rechts Richtung Bossolasco bzw. Serravalle Langhe. Das Restaurant liegt mitten im Ort an der Hauptstraße.

Das Restaurant: Die Brüder Alessandro, Massimo und Tiziano kauften 1998 das Restaurant, das schon immer *coccinella*, Maikäfer, hieß und konnten hier eine in der ganzen Region bekannte Adresse für gutes Essen etablieren. Serravalle Langhe ist ein eher ruhiges Örtchen abseits der bekannten Wege, und so finden viele Reisende nur wegen des Ristorante hierher. Natürlich lockt auch der günstige Preis von 32 € für das gute Menü.

Massimo hat viele Erfahrungen in bekannten ausländischen Küchen gesammelt. Er kochte u. a. im ›Pescatore‹, dem besten Restaurant Italiens. Frische und typische Produkte der Region bringt Massimo fantasievoll und fein zubereitet auf den Teller. Alessandro und Tiziano machen einen hervorragenden Service, der nicht steif oder aufgesetzt wirkt. Gerne erklären die beiden die Speisen und empfehlen einen geeigneten Wein. Die umfangreiche Weinkarte ist mit viel Sachverstand und Erfahrung zusammengestellt. Sie verzeichnet alle großen Tropfen der Region aber auch einfache, wie z. B. einen Hauswein. Eingerichtet ist das Ristorante mit antiken Möbeln und dekoriert mit einer Sammlung alter Weinflaschen.

Bei den Antipasti seien vor allem die köstliche Terrine vom Kalbsschwanz mit Zwiebelmarmelade oder das Törtchen aus Toma-Käse und Auberginen mit Kapern-Zabajone erwähnt. Schon hier setzt sich Massimo von vielen anderen Köchen ab durch etwas andere Kreationen. *Tajarin* und Ravioli mit Kaninchenfüllung sind zwar klassisch, dürfen aber bei den *primi* nicht fehlen. Im Hauptgang locken ein köstlich gebratener Lammsattel oder nicht alltägliche Kalbsbäckchen mit Auberginen und Oliven. Die leichte Zubereitung der Speisen lässt noch Platz für einen Käseteller, ein Panna Cotta mit Honig oder *bunet*, der hier ganz besonders lecker mit vielen Haselnüssen zubereitet auf den Tisch kommt. Um all dies in Ruhe zu genießen, sollte man viel Zeit mitbringen, denn keine der Speisen verdient es, ausgelassen zu werden.

Das Wandbild am Eingang weist dem Hungrigen den Weg

16
Osteria Veglio

Karte: D 8
Fraz. Annunziata, 9
12064 La Morra
Tel. 01 73 50 93 41
12.30–14, 20–21.30 Uhr; geschlossen Di u. Mi mittags
Kreditkarten: alle gängigen außer Diners
Preiskategorie: moderat

Anfahrt: Von Alba aus über den Corso Europa Richtung Barolo bis zur Ausfahrt Gallo d'Alba. Man fährt durch Gallo Richtung Barolo und biegt hinter dem Ort rechts ab Richtung La Morra. Die Osteria liegt kurz vor La Morra im Ortsteil Annunziata in einer Kurve auf der rechten Seite.

Das Restaurant: Immer wenn Franco Goelli mit seiner Frau Fiorenza an der seit Jahren verlassenen Osteria Veglio in Annunziata vorbeifuhr, träumten die beiden davon, hier ein eigenes Restaurant zu eröffnen. Kennen gelernt haben sie sich nicht weit von hier, in der Küche des weit über die Piemonteser Grenzen hinaus bekannten ›Gardino da Filicin‹.

Im März 1999 eröffneten Franco und Fiorenza ihr Traumhaus inmitten der Weinlagen von La Morra, wo einige der berühmtesten Baroloweine wachsen. Im Innern mussten sie nicht viel verändern. Man gestaltete die Einrichtung ein wenig moderner und hauchte dem Ganzen mit angenehm zurückhaltenden Dekorationen neues Leben ein. In einer Vitrine kann man die Etiketten eines Grappabrenners aus Neive bewundern. Der schönste Platz aber ist sicherlich

Kulinarisches Zentrum in Annunziata

auf der Terrasse mit dem grandiosen Ausblick auf die Hügel der Langhe.

Die traditionelle Küche interpretieren Franco Goelli und Fabrizio Anselma, der ihm in der Küche zur Hand geht, auf eine moderne Art. Probieren Sie die frischen Sardinen, überbacken auf Tomatenstücken, oder die gefüllten Gemüse (*verdure ripiene*) in vier Geschmacksrichtungen: Kartoffel mit Zwiebel und Pecorino, Zucchini mit Ricotta und Minze, die kleine Zwiebel mit Reis und Parmesan oder die Tomaten mit schwarzen Oliven. Köstlich! Die Nudeln sind wie üblich selbstgemacht. Der Sattel vom *maiolino de latte*, dem Spanferkel, ist außen schön knusprig und schmeckt nach den Kräutern, die hinter dem Haus wachsen: Thymian, Rosmarin, Salbei und Minze. Das komplette Menü aus drei Antipasti, einem *primo*, einem *secondo* und *dolce* kostet 37 €. Natürlich kann man die unterschiedlichen Speisen auch à la carte zusammenstellen.

Die Langhe

17
La Crota

Karte: E 8
Via Fontana, 7
12060 Roddi
Tel. 01 73 61 51 87
12–14, 19.30–21 Uhr; geschlossen Di,
Montagabend und 10 Tage im Januar
Kreditkarten: alle gängigen außer
Diners
Preiskategorie: moderat

Anfahrt: Von Alba aus fährt man den Corso Europa Richtung Cuneo/Barolo, nimmt die Ausfahrt Roddi und folgt der Beschilderung Richtung Ortskern. Hier ist der Weg zum La Crota ausgeschildert.

Danilos hausgemachte Pasta

Das Restaurant: Danilo ist unter den jungen Köchen im Piemont quasi ein alter, denn seit fast einem Vierteljahrhundert kocht er nicht nur am eigenen Herd, sondern trieb sich lange Jahre auch in vielen mehr oder weniger besternten Häusern herum, um zu lernen, wie man in der Ferne kocht.

Wer bei Danilo einmal frittierte Steinpilze in der Parmesantulpe gegessen hat, kehrt immer wieder zu diesem leidenschaftlichen Koch zurück. Mit viel Sorgfalt werden hier die typischen Speisen der Region zubereitet, und man merkt dem Koch an, dass er bei vielen Auslandsbesuchen in fremden Küchen eine Menge gelernt hat.

Mit umso mehr Stolz und Freude präsentiert er nun sein Können in den neuen Räumen. Durch den Flur betritt man den unteren Speiseraum, der durch kleine Fenster im Fußboden Einblick gibt in den Weinkeller. Vom oberen Speisesaal aus wie auch von der Panoramaterrasse hat man einen unverstellten Blick auf die drei Castelli von Roddi, Grinzane und Serralunga.

Das komplette Menü mit drei Antipasti, Primo, Secondo und Dessert bekommt man schon ab 28 €. Bei Danilo sollte man unbedingt das ganze Menü genießen, denn schon die Antipasti, etwa Tomakäse aus Roccaverano mit Pesto und Kaninchenroulade oder die frischen Sardellen in Kräutersauce, lassen den Gast dahinschmelzen, von den erwähnten frittierten Steinpilzen ganz zu schweigen– sie sind einfach himmlisch! Die *agnolotti del Plin* werden im Sommer mit einer Carbonara-Zucchini-Sauce serviert. Und immer noch bleibt Platz für ein Secondo, das als Kalbsfilet in Barbera flambiert auf den Tisch kommt und den Wohlgenuss noch steigert. Das *semifreddo* mit *torrone* und heißer Schokoladensauce lässt den Genießer schließlich darauf hoffen, bald noch einmal hier einzukehren. *Buon appetito!*

Osteria La Cantinella **18**

Karte: D 8
Via Aqua gelata, 4/A
12060 Barolo
Tel. 017 35 62 67
12.30–14, 20–23.30 Uhr; geschlossen
Mo abends, Di sowie Jan. u. Aug.
Preiskategorie: moderat

Anfahrt: Man nimmt von Alba aus den Corso Europa Richtung Barolo und folgt einfach der Beschilderung. Die Trattoria liegt mitten im Ort unterhalb des Castello am großen Parkplatz.

Das Restaurant: Diese gemütliche Osteria liegt mitten in Barolo unterhalb der Burg. Im Sommer stehen auch ein paar Tische draußen, und man kann das Kommen und Gehen der Touristen beobachten. Nella Cravero ist die Chefin und gute Seele des Hauses. Seit 1995 betreibt sie das Lokal zusammen mit ihrem Sohn, der sich um die Weine und den Service kümmert. Da es sich bei der Osteria um eine ehemalige Cantina handelt, war ein passender Name schnell gefunden. La cantina di Nella ergab kurz ›Cantinella‹.

Nach Art einer Osteria ist der Raum mit seinen insgesamt 35 Plätzen ganz in Weiß gehalten und mit Holzmöbeln und weißen Tischdecken einfach eingerichtet. Die Ziegelsteindecke erinnert noch an den alten Keller, in dem heute nach alten Familienrezepten die typischen Speisen der Region serviert werden. Frauen aus Barolo oder der Umgebung stehen zusammen mit Nella in der Küche, wo es in den Kochtöpfen brodelt und duftet.

Tipp

Kaninchen in Barolo
für 4 Personen
1 Kaninchen
1 Flasche Barolo/Nebbiolo
Zwiebeln, Stangensellerie, Möhren; kleingeschnitten
Olivenöl
Rosmarin, Zimt, Gewürznelken, Salz, Pfeffer

Kaninchen waschen, in kleine Teile schneiden, in Wein, Gemüse und Gewürzen über Nacht marinieren. Fleisch herausnehmen – die Leber beiseite legen –, abtrocknen und anbraten. Marinade hinzufügen, aufkochen und etwa 2 Std. schmoren lassen. Gegen Ende der Kochzeit die Leber hinzufügen. Nach etwa 10 Min. das Fleisch herausnehmen und warm stellen. Die Sauce reduzieren und abschmecken.

Trotz der vielen Touristen, die Barolo besuchen, sind das Ristorante überschaubar, der Service sehr freundlich und die Küche typisch geblieben. Wo könnte ein *brasato al Barolo* oder ein *risotto al Barolo* besser munden als an der Wiege dieses Weines? Die entsprechende Flasche lässt sich auf der umfangreichen Karte schnell finden, und Nella ist stolz darauf, dass bei ihr ausschließlich Weine der Region angeboten werden, wobei die verschiedenen Barolos den Schwerpunkt bilden.

Das *carne cruda* darf natürlich bei den Antipasti nicht fehlen, und wenn man das Menü wählt, schließen sich noch in frischen Kräutern marinierte Tomaten an sowie Zucchini in *carpio-*

La Cantinella, am Fuße des Castello di Barolo

ne (Kräuteressig) und ein Gemüsetörtchen auf *fonduta*-Sauce. Spezialitäten des Hauses sind auch die hausgemachten Nudeln wie *tajarin* oder *ravioli al plin*. Neben dem berühmten Braten findet sich zur Auswahl im Hauptgericht auch ein Kalbsragout in Arneis oder ein Perlhuhn mit Rosmarin gefüllt. *Bunet alle Nocciole* ist die Spezialität bei den *dolce*.

Es gibt drei verschiedene Menüs zwischen 24 und 38 €. Ein Espresso ist in jedem Menü enthalten, denn der gehört in Italien zu jedem guten Essen dazu. So findet man in der Osteria ›La Cantinella‹ die typischen Speisen der Region nach guter Hausfrauenart zubereitet und an einem Touristen-Ort ehrlich auf den Tisch gebracht.

Da ›Fausto‹ Ristorante Operti 1772

19

Karte: D 8
Via V. Emanuele, 103
12062 Cherasco
Tel. 01 72 48 70 48
12–14.30, 19.30–21.30 Uhr;
Di Ruhetag
Kreditkarten: alle gängigen
Preiskategorie: moderat

Anfahrt: Autobahn A 6 bis zur Ausfahrt Marene, dann rechts Richtung Bra, durch Roreto weiter geradeaus bis zur Linksabbiegung Cherasco, dort der Beschilderung Cherasco Centro folgen.

Das Restaurant: Im Winter 2000 haben Fausto Carrara und seine Frau Laura Marone eines der schönsten Restaurants des Piemont eröffnet. Es liegt mitten im sehr sehenswerten Städtchen Cherasco unweit von Bra. Man betritt ein altes herrschaftliches Haus und schreitet über eine breite Steintreppe hinauf in den Speisesaal. Die Kuppeldecke und die Wände sind komplett mit alten Fresken geschmückt, die Pier Paolo Operti im 18. Jh. malte und die bis heute original erhalten sind. »Die Fresken sind quasi wie ein wertvoller Wein«, erzählt Fausto nicht ohne Stolz, »sie sind immer temperaturkontrolliert, damit die Farben keinen Schaden nehmen.« Er hat das Glück, seine Kochkunst in diesem wunderschönen Ambiente präsentieren zu können. Wie in einem schönen Schloss sitzt man an großen runden Tischen und kann sich von Laura verwöhnen lassen.

Da Cherasco die Schneckenmetropole des Piemont ist, bietet Fausto natürlich auch ein Schnecken-Menü an. Schnecken in Gelee mit frischem Parmesan und als zweites Antipasto ganz klassisch in Kräuterbutter gebraten leiten über zum *primo*. Mit Schnecken gefüllte Tortelli in Butter und Salbei begeistern den Gourmet genauso wie die *helix aspersa* (eine Schneckenart) im Hauptgang in einer Sauce mit Tomaten und Pilzen. Keine Schokoladenschnecken zum Schluss, sondern eine ganz normale Dessertauswahl beenden das Menü. Wer den kleinen Tierchen nicht so zugetan ist,

Tipp

Lavendel-Panna Cotta

für 6 Personen
350 g Sahne (italienische Panna)
150 g Milch
100 g Zucker
6–7 Blatt Gelatine
für den Lavendelsirup:
300 g Lavendelblüten
4 dl Wasser
200 g Zucker

Für den Lavendelsirup Zucker in Wasser auflösen und auf 55 °C erhitzen. Die Lavendelblüten etwa 30 Min. darin ziehen lassen. Abfiltern und kühl stellen. 100 g Sirup mit der Sahne und der Milch erhitzen, den Zucker hinzufügen und die aufgeweichte und ausgedrückte Gelatine einrühren und in einer mit Wasser ausgespülten Form erkalten lassen. Dann in den Kühlschrank stellen (am besten über Nacht). Dazu passen Waldfrüchte.

der kann das Degustationsmenü versuchen mit Gänseleberterrine, Risotto und Lachsroulade in Pergament, gefüllt mit Bohnen und Nusssauce.

Neben dem Speiseraum gibt es noch einen kleinen Salon, der zum Digestif oder zum Rauchen genutzt werden kann. Hier steht übrigens eine beachtliche Auswahl an verschiedenen Bränden in einer Vitrine. Man kann sich alles in Ruhe anschauen und dann auswählen. Die Sammlung reicht von Whisky über Cognac, Armagnac, Calvados und Rum bis hin zu allen bekannten Grappe der Region. Ein Mekka für Digestif-Liebhaber. Auch die Auswahl der Süßweine ist in diesem Hause beachtlich und bedarf einer eigenen Karte, welche die umfangreiche Weinkarte angenehm ergänzt. Hohe Fenster ermöglichen von dem wunderschönen Speisesaal aus einen Blick auf die Piazza von Cherasco, die umgeben ist von alten restaurierten Gebäuden. Und so versetzt nicht nur das Innere des Ristorante, sondern auch die Umgebung draußen den Gast in eine Art Filmkulisse.

Hier zu speisen ist ein unvergessliches Erlebnis

20
Osteria della Rosa Rossa

Karte: D 8
*Via San Pietro, 31
12062 Cherasco
Tel. 01 72 48 81 33
12.30–14, 20–22 Uhr; geschlossen Mi, Do, 10 Tage im Jan. u. im Aug.
Kreditkarten: alle gängigen
Preiskategorie: moderat*

Anfahrt: Autobahn A 6 bis Ausfahrt Marene, dann rechts Richtung Bra, durch Roreto geradeaus bis zum Abzweig nach Cherasco. Dort der Beschilderung Cherasco Centro folgen.

Das Restaurant: Die älteste Osteria Cherascos gibt es bereits seit Ende des 18. Jh. Seit kurzem gehört sie Laura Dotto, die hier auch hinter dem Herd steht. Bevor das Abendgeschäft beginnt, stärkt sich die gesamte Mannschaft im vorderen Speisesaal. Kommt man zu früh, also kurz vor 20 Uhr, kann man das noch erleben und wird von Laura persönlich herzlich begrüßt.

Die beiden urigen Gasträume sind hellgelb gestrichen und mit einfachen dunklen Holzstühlen und Tischen eingerichtet. Unter den weißen Tischdecken lugen rot-weiß karierte hervor, was dem Ganzen ein französisches Flair verleiht. Auf jedem Tisch steht natürlich eine rote Rose im kleinen weißen Väschen. Raucher müssen unter der alten Gewölbedecke im hinteren Raum Platz nehmen. Nichtraucher bleiben im vorderen Gastraum und können die uralte dunkle Holztheke neben dem Eingang bewundern. Hier wird übrigens beim Verlassen der Osteria bezahlt. Ein schöner alter Fußboden aus kleinen bunten Steinen trägt

Stolz präsentiert Laura Dotto ihre handgemachten Tagliarini

zur originellen Atmosphäre der sonst einfach eingerichteten Räume bei.

Das Menü wird am Tisch vorgestellt, und keines der vier Antipasti kann man ruhigen Gewissens ausschlagen. Das klassische *carne cruda* findet man zwar in der Region häufig, sie ist aber überall anders zubereitet: In der ›Roten Rose‹ wird sie z. B. mit frisch gehobeltem Reggiano serviert. Es folgen *tonno di coniglio* (mariniertes Kaninchenfleisch) und gekochte, fein aufgeschnittene Kalbszunge mit Ratatouille sowie ein köstlich leichtes Tomatenflan, *sformato*, mit gedünsteten süßsauer eingelegten Zwiebeln. Da Cherasco bekannt ist für seine Schnecken, gibt es natürlich auch bei den Vorspeisen köstliche *tagliarini al sugo di lumache* ebenso wie das Würstchen-Ragu zu den Tagliarini.

Die sehr gute Käseauswahl im ›Rosa Rossa‹ verleitet dazu, den Hauptgang auszulassen, um auch noch der *dolce* frönen zu können. Auch hier dürfen die Klassiker nicht fehlen: *Bunet* und *pesca ripiene* sowie die fantastische *torta di pere* (Lauras Hausrezept) sollte man sich nicht entgehen lassen.

Ristorante Antica Corona Reale ›Da Renzo‹

Karte: D 8
Via Fossano, 13
12040 Cervere
Tel. 01 72 47 41 32
12.30–14.30, 19.30–21.30 Uhr;
geschlossen Di abends, Mi sowie Aug.,
Ende Dez.–Anfang Jan.
Kreditkarten: alle gängigen
Preiskategorie: moderat

Renzos Spezialität: die Schnecken aus Cherasco

Anfahrt: Von Bra über die SS 231 Richtung Fossano. Am Ortseingang von Cervere liegt das Restaurant an der Hauptstraße auf der linken Seite.

Das Restaurant: Für Feinschmecker ein unbedingtes Muss ist ein Besuch im Ristorante von Renzo Vivalda und seiner Familie. Man befindet sich hier unweit von Cherasco in der Schneckengegend, und so stehen sie natürlich als Spezialität des Hauses auf der Speisekarte. Kombiniert mit einer weiteren Spezialität aus der Gegend um Cervere, dem frischen Lauch, zaubert Renzo eine kulinarische Köstlichkeit für Schneckenliebhaber. Aber auch Chateaubriand vom Kalb, gebratene Taube oder frische frittierte Frösche sind unter den Hauptgerichten zu finden.

Ganz hervorragend zubereitet sind das typische *carne cruda* oder die mit Wurst aus Bra gefüllte gebratene Wachtel. Die Kartoffelcrêpes mit frischen Gemüsen oder die klassischen *ravioli al plin* schmeicheln dem Gaumen bei den Vorspeisen. Eine Käseauswahl der Region und/oder ein *dolce*, z. B. die besten Profiterolles der Region kombiniert mit einem Gläschen Barolo-Cinato beenden ein Menü von beachtlicher Klasse.

Man schmeckt bei jedem Gericht, dass der Koch sein Handwerk versteht. Kein Wunder, denn hier wird seit Mitte des 19. Jh. schon in der fünften Generation gekocht. König Manuele III. ging hier besonders gerne nach der Jagd essen, und so wurde ihm zu Ehren das Ristorante nach der königlichen Krone benannt. Heute ist Renzo Vivalda verantwortlich für all die Köstlichkeiten, die in diesem traditionsreichen Haus auf den Tisch kommen. Neben ihm in der Küche stehen sein Sohn Gian Piero und seine Tochter Eugenia, die die Vorspeisen und die *dolce* zubereitet.

Die Weinkarte ist sehr umfangreich und mit allen großen Namen der Region bestückt, die beiden Sommeliers geben gerne eine Empfehlung für den richtigen Tropfen zum Essen. Der fachkundige und freundliche Service, die hervorragenden Speisen, die guten Weine und das feine, aber nicht überkandidelte Ambiente machen dieses Haus zu einer ersten Adresse für Gourmets.

Die Langhe

22
Osteria dell'Arco

Karte: E 8
Piazza Savona, 5
12051 Alba
Tel. 01 73 36 39 74
12.30–14, 20–21 Uhr;
geschlossen So, Mo mittags sowie Aug.
Kreditkarten: alle außer Diners
Preiskategorie: moderat

Anfahrt: Nur wenige Meter vom Hotel Savona (s. S. 36) entfernt liegt das Restaurant mitten in Alba an der Piazza Savona.

Das Restaurant: Die ›Osteria dell'Arco‹ ist ein Ableger des ›Boccondivino‹ im nahe gelegenen Bra, der Geburtsstätte der Slow-food-Agricola-Bewegung, die mittlerweile auch in Deutschland viele Freunde gefunden und für die Agrarproduktion und den Genuss von Speisen und Getränken europaweit vieles in Bewegung gesetzt hat.

Die Osteria in der Langhe-Metropole befindet sich am Ende der großen Einkaufsstraße, der Via Vittorio Emanuele, an der Piazza Savona, wo früher die Pferdekarossen ›geparkt‹ wurden, wenn die Bürger in der Stadt ihre Einkäufe machten. Unter den Arkaden hindurch gelangt man in einen kleinen Hinterhof, in dem man schon von weitem die Slow-food-Schnecke, das Logo der Bewegung, erkennt. Doch Vorsicht! Hinter der Tür mit der Schnecke verbirgt sich die Küche, das Restaurant betritt man durch eine Tür einige Meter weiter links. Hinter der Bar ist der eigentliche Gastraum. Die Wände sind gelb gewischt, die Decke weiß, der helle Boden aus Marmor.

Die Langhe

Auf bequemen Holzstühlen lässt man sich nieder an weiß betuchten Tischen. Die Wände ringsum sind mit Regalen zugestellt, in denen der Rotwein lagert. Leider kommen die Flaschen von hier aus direkt auf den Tisch. Sie sind also immer zimmerwarm und eben nicht angenehm chambriert. Doch auf Nachfrage steht schnell ein Weinkühler bereit. Die Stirnwand beherbergt eine raumbreite Kühlanlage für Weiß-, Rosé- und Schaumweine. Die Weinkarte läßt keinen Wunsch offen, sie verzeichnet alle Produzenten von gut gemachten Weinen des Piemont und anderen Regionen.

Maurizio Dellapiana bereitet die Speisen für seine Gäste mit ausgesuchten Produkten. Die Küche balanciert erfolgreich zwischen Tradition und Moderne, die Gerichte sind daher angenehm leicht. Das *carne cruda* wurde natürlich mit dem Messer gehackt und stammt von einer preisgekrönten Azienda Agricola, von der man auch das *stracotto di vitello in umido*, das Kalbfleisch für den Braten bezog. Ob *tajarini al burro e salvia* oder *tortino di melanzane con salsa rossa*, alle Speisen sind schmackhaft und auf den Punkt zubereitet.

Leider werden sie etwas schnell serviert – Slow-food schnell auf den Tisch eben. Ein kleiner Widerspruch zum Geist der Bewegung. Auch der Service ist etwas lässig und cool, man vermisst die sonst übliche Piemonteser Herzlichkeit. Den Gästen scheint all dies wenig auszumachen. Man geht hierhin, um gut zu essen und sich sehen zu lassen. Dabei stören auch die Touristen nicht.

Ein Muss für Slow-Food-Anhänger: die Osteria dell'Arco mitten in Alba

Ristorante La Trattoria

23

Karte: E 7
Via Roma, 15
12050 Castellinaldo
Tel. 01 73 21 30 83
Do–Di 20–21.30 Uhr nur nach Voranmeldung, So auch mittags; Mi Ruhetag
Kreditkarten: alle gängigen
Preiskategorie: moderat

Unscheinbar wirkt der Eingang zum Ristorante La Trattoria

Anfahrt: Von Alba aus auf der SS 231 in Borbone links ab Richtung Castagnito, im Kreisverkehr weiter geradeaus. Hier ist Castellinaldo ausgeschildert. Dort, wo die Straße nach rechts eine 90-Grad-Kurve macht, biegt man links ab und fährt nur wenige Meter bergan Richtung Centro.

Das Restaurant: Eine kleine Keramiktafel neben dem Eingang trägt den Namen des von außen eher unscheinbaren Restaurants von Enrico und Mario Moschietto. Gemütlich ist es in dem großen Raum mit etwa 40 Plätzen. Unter der alten Steindecke sind die Tische mit hellen Stoffen eingedeckt, auf jedem Tisch verbreitet eine Kerze warmes Licht und eine romantische Atmosphäre. Im Herbst und Winter prasselt das Holz im Kamin, und ›La Trattoria‹ wird zu einem Ort, an dem man in gemütlicher und heimeliger Atmosphäre stundenlang essen und trinken kann.

Hinzu kommt der herzliche Service der beiden Brüder, die sich in Küche und Saal abwechseln. Die Weinberatung ist unaufdringlich, aber sachkundig, und auch die Speisen werden mit der gleichen Hingabe vorgestellt, mit der sie vorher zubereitet wurden. Kleine persönliche Kunstwerke eben, die aus den frischen Produkten der Region entstehen. Die Brüder bringen im einzigen Menü des Tages alles auf den Tisch, was sich zu probieren lohnt. Und das kann im Piemont viel sein. Aber wenn es gut zubereitet ist, kann man alles essen, ohne dass der Magen allzu belastet ist. Und auch der Geldbeutel freut sich angesichts dieses kulinarischen Erlebnisses. Für 35 € machen vier Antipasti den Auftakt. Es folgen zwei hausgemachte Pastagänge, auch beim Hauptgang kann man zwei verschiedenen Speisen probieren. Zwei Desserts runden das Ganze ab, es folgen Kaffee und natürlich ein Grappa.

Seit 15 Jahren verwöhnen die Moschietto-Brüder ihre Gäste, viele Einheimische bezeichnen dieses Lokal als Geheimtipp. Typische Gerichte wie Sellerieflan mit *fonduta*, ein erfrischendes Küchlein aus Tomatensauce mit Petersilie und Balsamicoessig, die hausgemachten *tajarin* mit Fleischbrühe oder Kaninchen mit Salbei nach einem Rezept der Großmutter erfreuen den Gast genauso wie der *bunet* (Schokoladenpudding) und die Panna Cotta mit Pfirsichmousse.

Trattoria Bella Vista

24

Karte: E 7
Fraz. Madonna dei Cavalli, 25
12050 Castellinaldo
Tel. 017 39 81 46
Di–So 12–14 Uhr, Sa nur, So auch
20–21.30 Uhr
Kreditkarten: alle gängigen
Preiskategorie: günstig

Anfahrt: Am Ortseingang von Castellinaldo links den Berg hinauf Richtung *centro storico*. Oben fährt man rechts und folgt der Beschilderung zum Ortsteil Madonna dei Cavalli.

Das Restaurant: »Hier wird alles hausgemacht, und alles kommt aus dem eigenen Garten«, erzählt Serena Marchisio stolz. Die frei laufenden Hühner und Gänse scheinen dies schnatternd zu bestätigen. Serena macht den Service für 60 Plätze auf der Terrasse und 80 im Restaurant. Die Schwiegermutter steht mit ihrem Enkel in der Küche und bereitet liebevoll die regionaltypischen Speisen zu.

Der gemischte Vorspeisenteller mit *carne cruda*, *vitello tonnato*, *frittata alle erbe* und *petto di pollo, fritto e marinato* kann sich sehen lassen. Es folgen handgemachte *tagliarini* oder *gnocchetti con pomodoro e basilico*. *Arrosto di vitello* kommt als klassisches *secondo* auf den Tisch, die *spada del maiale* wird am Knochen serviert und vor den Augen der Gäste tranchiert. Zum Nachtisch kann man den typischen *bunet* oder *pesche al Moscato* bestellen. Vier Antipasti, zwei *primi*, zwei *secondi* und ein Dessert kosten mit Wein 27,50 €. Die Küche ist bodenständig und ohne Schnörkel, das Preis-Leistungs-Verhältnis unschlagbar. In der Woche ist die Auswahl etwas kleiner. Am Wochenende gibt es alles, was das Herz begehrt. Inklusive den Ausblick über die Hügel des Roero, den man hinter Glastüren gut geschützt genießen kann. Auch der Wein ist natürlich hausgemacht von Ehemann Riccardo, der die klassischen Sorten Dolcetto, Barbera und Nebbiolo selbst an- und ausbaut.

Vom Tisch schweift der Blick über die Hügel des Roero

25
Trattoria Ostu di Djun

Karte: E 8
Via San Giuseppe, 1
12050 Castagnito
Tel. 01 73 21 36 00
Mo–Sa 20–21.30 Uhr
Kreditkarten: keine
Preiskategorie: günstig bis moderat

Anfahrt: Von Alba auf der SS 231 Richtung Asti, in Borbone links ab Richtung Castagnito, im Kreisverwieder links, das ›Ostu di Djun‹ liegt direkt rechts an der Straße.

Das Restaurant: Luciano steht im Mittelpunkt des Geschehens in dieser typisch piemontesischen Osteria. Er bringt all die Leckereien, die seine Mutter in der Küche zubereitet, auf den Tisch. Das traditionsreiche Lokal ist immer ausgebucht, denn seine Stammkunden kommen aus den umliegenden Dörfern. Zusammen mit den Touristen, die hierher finden, ergibt dies eine angenehme Mischung. Entsprechend locker ist die Atmosphäre.

Locker ist auch der Service. Es gibt nur ein Menü für 30 € inklusive Wein mit mehreren Antipasti, einem *primo*, einem *secondo* und einem *dolce*. Der Wein wird grundsätzlich aus Magnumflaschen ausgeschenkt, die man aber keinesfalls allein leeren muss, sondern die für mehrere Tische bereitgehalten werden. Eine Weinkarte gibt es nicht, man verlangt einfach nach einem Barbera oder Barolo oder Dolcetto, nach einem Barrique-Wein oder einem fruchtigen Weißen.

So ist das ›Ostu di Djun‹ ein Ort zum Entspannen und zum Relaxen. Kaum hat man sich hingesetzt, kommt eine Flasche Wasser auf den Tisch und ein Aperitif in Form eines Weißweins. So ist es üblich im Piemont. Das Menü wird am Tisch vorgestellt. Die Speisen, die Lucianos Mutter zubereitet, sind bodenständig und gut. Luciano hat wie ein Dirigent Service und Gäste immer aufmerksam im Blick. Er liebt den Kontakt mit Menschen und hat die Fähigkeit, sie zu begeistern und schnell zusammenzubringen.

Die *taglerini della casa* werden immer am Tisch aus der Pfanne serviert. Vorab stimmen ein helles, leicht gesalzenes Hefegebäck und ein *carne cruda* auf das Mahl ein. Im Hauptgang gibt es Gänsebrust oder Kaninchen, zum Dessert folgt ein *bunet* oder frische Früchte in Moscato mariniert. Ganz besonders gut ist die Käseauswahl. Zufällig hat er eine Magnumflasche mit leckerem Süßwein geöffnet und offeriert ein Gläschen als Begleitung zum Käse. So wird das Menü angenehm abgerundet, der Gast geht zufrieden – und kommt gerne zurück.

Fatto alla casa – das Erfolgsrezept der piemontesischen Küche

26
Ristorante Conti Roero

Karte: D 8
Piazza San Ponzio, 3
12066 Monticello d'Alba
Tel. 017 36 41 55
Mittags ab 13, abends ab 20 Uhr;
So abends und montags geschlossen
Kreditkarten: alle gängigen
Preiskategorie: moderat bis gehoben

Anfahrt: s. S. 54. Auf dem Berg biegt man nicht ab, sondern fährt geradeaus Richtung Santa Vittoria d'Alba Ortskern. Hinter der kleinen Piazza führt links die Strada Monticello zum Ortskern von Monticello. Hier folgt man dem Schild Castello immer bergauf.

Wo einst die Kutschen parkten, wird heute fürstlich gespeist

Das Restaurant: Einer der besten Köche des Piemont ist nun an einem der schönsten Orte des Roero angekommen und hat hier hoch oben über Monticello sein Ristorante eröffnet. Die Conti Roero haben unterhalb ihres Schlosses in einem der dazugehörigen Gebäude ihren Traum verwirklicht von einem Restaurant in stilvoll restaurierten Räumen. Als Pächter haben sie Fulvio Siccardi gefunden, der nach seinen Stationen im ›Le Clivie‹ in Piobesi und in der ›Tenuta Carretta‹ nun endlich einen angemessenen Rahmen für seine Kochkunst gefunden hat. Glücklich und stolz präsentiert er mit seiner Frau die neuen Räume und signalisiert, dass hier der Ort seiner persönlichen und gastronomischen Zukunft liegt. Denn zu dem Ristorante im historischen Gemäuer zählen auch ein paar Zimmer in stilvollem Ambiente, die dem Gast einen längeren Aufenthalt an diesem altehrwürdigen Ort ermöglichen.

Auf der kleinen Piazza unterhalb des Schlosses angekommen, steht man zunächst vor der schön restaurierten Kirche San Ponzio. Daneben befindet sich das alte Waschhaus. Von hier hat man einen herrlichen Ausblick über das Roero, und wenn es die Temperatur erlaubt, reicht Fulvio hier draußen gerne den Aperitif mit *stuzzichini*.

Gleich gegenüber der Kirche liegt der Eingang zum Ristorante. Die noble Umgebung lässt den Anreisenden schnell argwöhnen, dass auch Preise und Räumlichkeiten luxuriös gestaltet sind. Aber weit gefehlt: Die Anreise lohnt sich für jeden Feinschmecker, denn für ein Menü mit vier Gängen zahlt man 35 € und für sechs Gänge 45 €. Mittags gibt es sogar ein kleines Menü für 22 €. Fulvios Frau übernimmt den freundlichen Service und empfiehlt eine gute Flasche Wein zu einem akzeptablen Preis.

Ristorante All'Enoteca

Karte: D 7
Via Roma, 57
12043 Canale
Tel. 017 39 58 57
Do abends–Di 12.30–13.30, 20–21.30 Uhr; geschlossen zwei Wochen im Jan. u. Aug.
Kreditkarten: alle gängigen
Preiskategorie: moderat bis gehoben

Anfahrt: Von Asti aus die SS 231 Richtung Alba, in Canova rechts ab Richtung Priocca. Der Beschilderung nach Canale folgen. Das Restaurant befindet sich mitten in Canale an der Hauptgeschäftsstraße im Hause der Enoteca regionale.

Das Restaurant: Fragt man in der Region, welche Küche die Einheimischen besonders schätzen, hört man immer wieder den Namen von Davide Palluda. Der Küchenmeister selbst zählt sich hingegen zu den ›Giovane‹, den jungen Köchen. Er vermisst eine Leitfigur für die Erneuerung der Piemonteser Küche wie etwa Angelo Gaja oder Giacomo Bologna sie in der Weinszene darstellen. Nach der Ausbildung und einigen Anstellungen in Italien trieb es den jungen Davide nach Frankreich und nach Deutschland. Hier kochte er am Herd Dieter Müllers, einem der wenigen Drei-Sterne-Köche der Republik, als der noch in den ›Schweizer Stuben‹ weilte.

Zurück in Italien übernahm Davide Palluda 1996 die Enoteca in Canale, die sich zum Ziel gesetzt hatte, die regionalen Produkte und nicht nur die Weine des Roero zu protegieren. Dafür war der junge Koch genau der richtige Mann, denn der regionale Bezug deckte sich exakt mit seinen Vorstellungen von guter Küche. Doch dies allein reichte ihm nicht, lagen diese Ideen doch allzu nah an der alltäglichen Küchenpraxis im Piemont.

Bei Davide Palluda muss die Küche vom Terroir erzählen und von der Saison, weil sie sonst in der Tradition erstarrt. Bei ihm gibt es im Sommer weder *fonduta* noch andere schwere Speisen. Dafür aber dampfgegarten Stockfisch im Kabeljaumantel auf etwas Kartoffelpüree. Eine sehr raffinierte Würze verleiht dem Ganzen

Der Gastraum von Davide Palluda: ein Mekka für Feinschmecker

das Olivenöl mit einem Hauch Sardellenaroma. Auch beim *insalata di coniglio*, dem Kaninchensalat, kommt seine Philosophie zum Tragen, denn die Fleischstücke werden geschmacklich hervorragend ergänzt von Sommersteinpilzscheiben und Aprikosenwürfeln. Die Pilze wachsen in den Wäldern, und für sein Obst ist das Roero von jeher bekannt. Auch das Apfel-Pilz-Risotto ist nach diesem Muster komponiert. Na, und zum Dessert gibt es natürlich Pfirsiche. Noch vor einem halben Jahrhundert wuchs solch köstliches Obst auch in der Langhe, aber der Weinanbau hat dort die Landschaft zur Monokultur erstarren lassen.

Doch der junge Koch wäre nicht eine der kommenden Leitfiguren der modernen Piemonteser Küche, wenn sich seine Neuerungen allein auf die Verwendung regionaler Saisonprodukte beschränkten. Gerade hat er den zweiten Flügel der alten Enoteca ausgebaut, damit seine Gäste hier künftig den Aperitif schlürfen können, und wer will, kann hier nach dem Essen auch seinen Digestif nehmen.

In nur fünf Jahren hat Davide Palluda der Küche des Piemont zu neuem Schwung verholfen und zugleich viele Freunde des Genießens ins Roero gelenkt. Noch kommen seine Gäste überwiegend aus Alba, Turin und Mailand. Wer weiß, wie lange noch?

Tipp

Kaninchensalat mit Steinpilzen und Aprikosen

für 4 Personen
240 g gegartes Kaninchenfleisch, klein geschnitten
4 Aprikosen, klein geschnitten
100 g Steinpilze, klein geschnitten
2 EL Pistazien, zerkleinert
Olivenöl
Rotweinessig
Salz, Pfeffer

Das Fleisch in der Pfanne mit Olivenöl erwärmen, die Stiele der Pilze hinzufügen und einige Minuten anziehen lassen, Pilzkappen, Pistazien und Aprikosen hinzufügen, dann salzen, pfeffern. Salat auf den Tellern anrichten und mit einer Vinaigrette aus Öl und Essig leicht benetzen.

Das Roero

28
Ristorante Leon d'Oro

Karte: D 7
Via Roma, 12
12043 Canale
Tel. 01 73 97 92 96
Di–Sa 12–14, 19.30–21 Uhr, So nur mittags; geschlossen Aug. u. eine Woche im Jan.
Kreditkarten: alle gängigen
Preiskategorie: moderat
Zimmer: DZ 62 €, EZ 42 €, Frühstück ca. 5 €.

Anfahrt: Von Asti aus die SS 231 Richtung Alba, in Canova rechts ab Richtung Priocca. Der Beschilderung nach Canale folgen. Das ›Leon d'Oro‹ liegt im Zentrum von Canale.

Das Restaurant: In kaum einem anderen Restaurant fühlt man sich so schnell zu Hause wie im ›Leon d'Oro‹.

In der Küche des Leon d'Oro macht das Kochen Spaß

Versteckt liegt dieses traditionsreiche Haus unter den Arkaden der Hauptgeschäftsstraße von Canale, und man würde vorbeilaufen, wüsste man nicht, dass hinter den satinierten Glasscheiben die typische Piemonteser Küche in einem schönen und gemütlichen Ambiente geboten wird. Ilaria und ihre Mutter Vittoria wollen ihre Gäste verwöhnen. Leidenschaft in der Küche und Herzlichkeit im Lokal sind die Voraussetzungen für das Wohlbefinden der Gäste.

Das Tagesmenü wird am Tisch erklärt. Am besten bringt man Hunger mit und bestellt ein komplettes Menü mit diversen Antipasti, denn es wäre schade, etwas auszulassen. Gemüsetörtchen mit Kürbissauce, mit getrüffelten Pilzen gefüllte Teigtaschen oder der in feine Scheiben geschnittene aromatische Rostbraten lassen erahnen, was da noch kommen kann. Mit Käse gefüllte hauchdünne Ravioli oder Crespelle mit Spargel gefüllt lassen den Gaumen frohlocken. Eine knusprig gebratene Lammschulter mit Rosmarin oder ein Kalbsbraten mit Röstkartoffeln stehen als *secondo* zur Auswahl. Hausgemachtes Eis oder Nusstorte bilden den süßen Abschluss.

Die Weinkarte bietet fast alle guten Weine des Roero zu schier unglaublichen Preisen. Auch der Menüpreis ist mit 38 € (ohne Getränke) moderat. Zum Glück gibt es Zimmer im Haus und eine kleine Terrasse im Innenhof. So lohnen sich schon zwei Tage Aufenthalt, um zwischen dem sternenumglänzten ›All'Enoteca‹ und dem herrlich bodenständigen ›Leon d'Oro‹ hin- und herzupendeln. Abrunden kann man das Ganze mit einem Weineinkauf in und um Canale, denn hier befinden sich die besten Produzenten des Roero (s. S. 142, 150)!

29
Villa Tiboldi

Karte: D 7
Località Tiboldi, Case Sparse, 127
12043 Canale
Tel. 01 73 97 03 87
Mittags ab 12.30, abends ab 20 Uhr;
Mo und Di mittags geschlossen
Kreditkarten: Visa und Mastercard
Preiskategorie: moderat

Anfahrt: Von Canale aus fährt man in Richtung Santo Stefano Roero. Auf der rechten Straßenseite gleich hinter der Hausnummer 10 führt eine kleine Straße rechts zur ›Villa Tiboldi‹. Ab hier ist die Zufahrt auch ausgeschildert.

Das Restaurant: Unweit von Canale thront auf einem der Hügel des Roero die ›Villa Tiboldi‹. Das Ristorante besteht aus zwei Räumen und einer Terrasse, die besonders im Sommer einen unvergesslichen Ausblick auf das Roero bietet. Man hat hier oben über den weinbedeckten Hügeln das Gefühl im Paradies zu sein. Die Atmosphäre im Paradies ist himmlisch locker und freundlich, die Einrichtung wurde mit viel Liebe zum Detail von Patrizia Damonte, der Dame des Hauses, ausgesucht, immer das Wohlbefinden der Gäste im Blick, denn hier soll Essen und Trinken Spaß machen ohne überflüssiges Chichi. Und so kommen auch die Speisen auf den Teller. Typische Gerichte der Region, nach Saison ausgesucht und zubereitet von Stefano Paganini, der bei Davide Palluda, dem Sternekoch im nahen Canale, sein Handwerk lernte.
Den Auftakt des Menüs für 35 € bildet gekochtes Fleisch vom typischen Rind der Region mit fein geschnittenen Gemüsen. Dann folgt eine Tomatenterrine, die durch ihren Geschmack nach frischen Tomaten besticht und begleitet wird von Mozzarella-Stückchen. Die kleine Gemüse-Lassagne im Primo ist so leicht und schmackhaft, dass immer noch Platz bleibt für den Hauptgang, der als knusprig gebratenes Lamm mit Rosmarinaroma folgt. Den Abschluss bildet eine Aprikosenpyramide von Schokolade überzogen, denn Obst ist neben dem Wein eine weitere Spezialität des Roero. Bei schönem Wetter genießt man dieses Menü bei Kerzenschein auf der Terrazza und trinkt dazu eine gute Flasche Wein, natürlich von Malvira. Wer nach einem solch genussvollen Abend nicht mehr nach Hause fahren möchte, der hat hier vielleicht vorab eines der wunderschönen Zimmer reserviert (schon ab 50 € das DZ und bis 150 € für die Junior-Suite).

Lockere Atmosphäre auf der Terrasse der Villa

Valle Bormida

30
Osteria del Brutto Anatroccolo

Karte: E 8
Via Roma, 31
Pezzolo Valle Uzzone
Tel. 01 73 82 75 05
Nur abends ab 20 Uhr, Sa und feiertags auch mittags; Di und Mi geschlossen
Kreditkarten: alle gängigen
Preiskategorie: moderat

Anfahrt: Von Cortemilia folgt man der Straße Richtung Pezzolo. Nach 3 km macht die Hauptstraße eine starke Biegung. Hier fährt man geradeaus nach Pezzolo. Am Steinkreuz geht es links in den Ort. Am besten lässt man das Auto gleich hier am Ortseingang stehen, denn das Restaurant befindet sich nur wenige Meter auf der rechten Seite, etwas im Hinterhof versteckt.

Das Restaurant: Eine feinere Küche im Valle Bormida, gepaart mit einer der besten Weinsammlungen im Piemont – das gibt es seit 2002 im verschlafenen Pezzolo Valle Uzzone wenige Kilometer von Cortemilia entfernt. Mit viel Liebe haben Carla Gallo und ihr Mann Giovanni das alte Gemäuer restauriert. Die drei kleinen Speiseräume befinden sich in der ersten Etage. Carla hat bei ihrer Mutter Maria eine gute Schule durchlaufen und verfeinert das, was sie dort gelernt hat, mit eigenen Ideen. So kamen als Antipasti eine fein auf- geschnittene Zunge mit Sauce aus frischen Kräutern auf den Tisch oder eine Kaninchenroulade auf knackigen Salaten oder eine Variation von der Zucchini, die den Gaumen durch ih-

Carla, eine leidenschaftliche Köchin

re Leichtigkeit besonders verwöhnt. Giovanni kümmert sich um die passende Weinauswahl und erklärt die Speisen, aus denen man sich eine persönliche Auswahl zusammenstellen kann, das Menü zu 35 €. Als Primo werden z.B. Spinatgnocchi mit einer Creme aus Raschera-Käse angeboten, die so köstlich zubereitet nur selten im Piemont zu finden sind. Aber auch die Raviolini gefüllt mit Auberginen und umgeben von einer frischen Tomatensauce schmeicheln der Zunge. Im Hauptgang hat man die Wahl zwischen Schweinefilet mit frischen Feigen oder der Entenbrust mit Johannisbeeren aus dem eigenen Garten.

Die Desserts bilden im ›hässlichen Entlein‹ den wahren Höhepunkt: das Halbgefrorene aus der Tonda gentile, der besten Haselnuss der Welt, mit einer warmen Creme aus Gianduja-Schokolade oder gar die Lavendel-Crème brulée mit Melonen eis können den Genießer in einen süßen Rausch versetzen, ganz zu schweigen von dem hausgemachten Eis.

31
Locanda Degli Amici

Karte: E 8
Via G. Penna, 9
14050 Loazzolo
Tel. 014 48 72 62
Mi–Mo 12.30–14, 19.30–22 Uhr
Kreditkarten: alle gängigen
Preiskategorie: günstig bis moderat
Zimmer: DZ 60 €, inkl. Halbpension
100 €, EZ 45 €

Anfahrt: Das ›Degli Amici‹ liegt mitten in Loazzolo an der Hauptstraße.

Das Restaurant: Rosi freut sich von Herzen, wenn Menschen in das Restaurant kommen, um die regionalen Spezialitäten, die ihr Mann Mauro mit viel Liebe zubereitet hat, zu genießen. Rosi kümmert sich um den Service, aber Mauro lässt es sich nicht nehmen, die Gäste persönlich zu begrüßen.

Erst vor kurzem haben die beiden das Ristorante übernommen, das durch seine urige Atmosphäre und Einfachheit viele Menschen anlockt. Denn Loazzolo ist ein kleines verschlafenes Dörfchen in den Bergen über dem Bormida-Tal. Die kleine Straße, die von der SS 339 zwischen Cessole und Bubbio hier hinaufführt, bietet, je höher man kommt, einen immer wunderbareren Ausblick. Oben in Loazzolo angekommen, hat man den herrlichsten Blick über das Tal, und die wundersame Stimmung hier oben schlägt jeden sofort in ihren Bann. Ein rechter Ort, um sich in dem gemütlichen Landgasthof niederzulassen. Im Sommer kann man von der großen Terrasse hinter dem Haus den sagenhaften Ausblick genießen, und

Die alte Locanda und Mauros Küche locken die Gäste nach Loazzolo

ein wenig befällt einen dabei das Gefühl, über allem zu schweben.

Die frisch zubereiteten Speisen, die Rosi aus der Küche auf den Tisch bringt, vervollständigen das Glücksgefühl. Tagliarini mit frischen Steinpilzen, die typischen *ravioli al plin* und ein in Chardonnay geschmortes Kaninchen begeistern den Gaumen und machen Lust auf mehr, z. B. eine Käseplatte oder die *zuppa al moscato*, nach einem altem Hausrezept zubereitet. Das Menü kostet 25–30 €. Im Herbst und Winter prasselt im großen Speisesaal der Kamin, und in der Enoteca kann man nach dem Essen noch ein Gläschen Wein genießen. Angesichts von so viel Gemütlichkeit und solch himmlischer Ruhe inmitten herrlicher Natur stellt sich die Frage nach einer Übernachtungsmöglichkeit. Für Rosi und Mauro kein Problem, denn zum Haus gehören die gerade renovierten Zimmer, einfach eingerichtet, wie alles im Haus, aber eben gemütlich.

Valle Bormida

Trattoria T'Bunet

Karte: E 8
Via Roma, 24
12070 Bergolo
Tel. 01 73 8 70 13
Mi–Mo 12.30–14, 20–22 Uhr;
geschlossen Jan.
Kreditkarten: alle gängigen
Preiskategorie: moderat

Anfahrt: Das Restaurant liegt mitten in Bergolo.

Das Restaurant: Benannt nach einer typischen Süßspeise des Piemont, dem *bunet*, versteckt sich dieses Restaurant seit 1982 im Dörfchen Bergolo, nur wenige Kilometer südlich von Cortemilia. Seitdem hat sich vieles verändert. Es gab damals keine Stoff-Tischdecken, und auch die übrige Ausstattung war eher einfach. Die Leute aus der Umgebung kamen hierher, um einfache Hausmannskost zu essen. Emilios Eltern hatten das Haus gekauft, seine Mutter stand von Anfang an am Herd, und der kleine Emilio liebte nichts mehr, als die Kochkünste seiner Mutter zu studieren. Schon bald verstand auch er sich auf die traditionelle Piemonteser Küche, die von nun an freilich kreativ interpretiert wurde. Seine Vorliebe für die asiatische Küche erlaubte ihm, die regionalen Produkte abwechslungsreich und immer mit neuen Ideen zu verarbeiten. Heute kommen im ›T'Bunet‹ fein gekochte Speisen auf den Tisch, von denen man sich keine entgehen lassen sollte.

Nicht nur die Küche, sondern auch die Einrichtung hat sich in den letzten Jahren wesentlich verfeinert. Man

Asiatische Interpretation piemontesischer Küche

sitzt an schön eingedeckten Tischen und lässt sich von Emilio aus der umfangreichen Karte eine gute Flasche Wein empfehlen. Er macht den Service mit ebensolcher Leidenschaft, wie seine Mutter Angela die Küche managt. So ergänzen sich die beiden hervorragend.

Es kommen frische Gemüse aus dem eigenen Garten gedünstet und mit frischen Sardinen geschichtet auf den Tisch. Nach diesem saisonalen Antipasto folgt ein kreatives: ein Blätterteigkranz mit frischem Robiola-Käse gefüllt, darauf frittierte Gemüse, dazu ein Spiegelei von der Wachtel. Den Reigen beendet eine Zucchiniblüte, gefüllt mit zweierlei Fleisch und einer Erbsensauce. Auch die hausgemachten Maccheroni und die Kaninchenroulade im Hauptgang erfreuen jedes Feinschmeckerherz. Der Käsewagen lässt so manchen Frankreich-Liebhaber erblassen. Zum Dessert darf der hausgemachte *bunet* nicht fehlen, aber auch das *semifreddo di torrone* ist nicht zu verachten.

Valle Bormida

Da Maurizio

Karte: E 8
Via San Rocco, 16
12050 Cravanzana
Tel. 01 73 85 50 19
Do abends–Di 12.30–13.30, 20–21
Uhr; geschlossen drei Wochen im Jan.,
10 Tage im Juni/Juli
Kreditkarten: alle gängigen
Preiskategorie: moderat
Zimmer: DZ 60 € inkl. Frühstück.

Anfahrt: Das Restaurant liegt am nördlichen Ortseingang von Cravanzana auf der linken Seite.

Das Restaurant: Die grüne und hügelige Umgebung von Cravanzana eignet sich besonders gut zum Wandern. Wohnen und vor allem kulinarisch verwöhnen lassen kann man sich bei Maurizio. Man sollte sich von der einfachen, fast spartanischen Einrichtung nicht abschrecken lassen. Dem großen Speiseraum fehlt es schlicht an Atmosphäre, was aber die Speisen, die hier auf den Tisch kommen, vergessen lassen.

Das Haus blickt auf eine lange Familientradition zurück, schon Maurizios Urgroßvater Giovanni Robaldo wirkte hier Anfang des 20. Jh. In den 1960er Jahren gab es in Cravanzana einen großen Wochenmarkt. Hier traf man sich, und die frischen Produkte kamen vom Markt direkt zu Maurizio. Daher rührt auch der Beiname des Hauses ›Del mercato‹.

Typische Spezialitäten wie Kalbscarpaccio mit Olivenöl und eingelegten kleinen Pilzen aus den umliegenden Wäldern kommen hier auf den Tisch. Eine gefüllte Perlhuhnterrine regt ebenso den Appetit an wie die frittierten Zucchiniblüten mit einem warmen Törtchen aus Murrazzano-Käse und Zucchini. Die hausgemachten Gnocchi in Tomatensauce werden reichlich portioniert. Man sollte sie nicht aufessen, um noch Platz zu lassen für den Kalbsbraten mit Steinpilzen oder das hervorragende Perlhuhn mit glasierten Möhren. Als Dessert kommt z. B. *bunet* auf den Tisch – nach einem Rezept der Oma, die ihn nie mit Schokolade machte, sondern nur mit Haselnüssen.

Zu den köstlichen Speisen empfiehlt Maurizio gerne eine gute Flasche Wein. Die Karte umfasst 250 Positionen mit allen großen Etiketten des Piemont. Angesichts der moderaten Preise kann es auch gerne mal eine Flasche mehr werden, denn das Menü mit mehreren Antipasti und drei weiteren Gängen bietet eine gute Unterlage.

Da Maurizio – ein typisches Restaurant auf dem Lande

Valle Bormida

34
Ristorante della Posta – Da Geminio

Karte: E 8
Via Roma, 4
14050 Olmo Gentile
Tel. 01 44 95 36 13
Mittags ab 12, abends ab 19.30 Uhr;
So abends und 1.–15. Jan. geschlossen
Kreditkarten: alle gängigen
Preiskategorie: günstig

Anfahrt: In Vesime führt von der Hauptstraße ein Abzweig Richtung Roccaverano und Olmo Gentile. Das Ristorante liegt gleich am Ortseingang auf der rechten Seite.

Hier speist man gut zum kleinen Preis

Das Restaurant: Am Ende der Welt, denn hier endet die Straße, kocht Rosanna mit ihrer Tochter Maria Grazia die leckersten piemontesischen Speisen. Mittags und abends kommen die Leute aus der ganzen Umgebung hierher und das bereits seit fünfzig Jahren.

1954 hatte Rosannas Mann Geminio das Ristorante gekauft und servierte im Saal die Leckereien, die seine Frau in der kleinen Küche zubereitete. Seither scheint sich nicht viel verändert zu haben, außer dass nun die Töchter Silvana und Giuseppina die Gäste bedienen und Maria Grazia der Mutter in der Küche zur Hand geht. Die Frauen empfehlen, sich zum Essen immer voranzumelden, denn es wird nach Bedarf frisch eingekauft und gekocht. Das komplette Menü kommt für unglaubliche 28 € auf den Tisch inklusive einer Portion gut trinkbaren Hausweins.

Man sollte hungrig hier einkehren und voller Lust auf leckeres Essen, denn der Reigen beginnt mit sechs Antipasti, die im Sommer als *carne cruda*, gefüllte Zucchini, hausgemachte Salami, gebackene Paprika, Carpaccio oder Gemüsetörtchen auf den Tisch kommen. Vorab gibt es warme *focaccine*, einen frittierten Hefeteig, der den Gaumen auf die köstlichen Speisen vorbereitet. Allein diese Focaccine sind die Reise wert und nach dem Rezept gefragt, lacht Maria Grazia und verrät nicht ohne Stolz: »Die Mamma macht alles aus dem Bauch heraus, und es gelingt und schmeckt immer.« Im Menü folgen noch zwei Primi in Form von Agnolotti und Tagliatelle, und wer noch Platz hat für ein Secondo, kann zwischen Braten und leckerstem Hühnchen wählen. Etwas Käse der Region und eine hausgemachte Torte mit Früchten leiten über zum Kaffee, bei dem man sich genüsslich zurücklehnt und über den wohl gefüllten Bauch streichend und Gott dankbar ist, dass es diesen Ort gibt.

35
Ristorante Pinocchio

Karte: F 4
Via Matteotti, 147
28021 Borgomanero
Tel. 03 22 8 22 73
Di abends–So 12–14, 20–21.30 Uhr;
geschlossen Weihnachten bis Mitte Jan.
sowie eine Woche im Aug.
Kreditkarten: alle gängigen
Preiskategorie: moderat bis gehoben

Anfahrt: Von Orta auf der SS 229 bis Borgomanero, um das Ortszentrum herum Richtung Novara. Das Restaurant liegt am Ortsausgang von Borgomanero auf der linken Seite.

Das Restaurant: Der erste Michelin-Stern Italiens fiel 1974 auf dieses traditionsreiche Haus am Rande von Borgomanero. Paola, die Tochter des Hauses, empfängt die Gäste sehr herzlich und serviert den Aperitif mit den besten frisch zubereiteten *stuzzichini*. Kleine gebratene Stücke vom Kalb oder warme, leicht frittierte Garnelen. Schnell bekommt man Lust auf mehr. Die bequemen Stühle im Gastraum stehen an großen runden Tischen, die großzügig über die beiden Räume verteilt sind. Besonders verlockend sind die Preise: das Vier-Gang-Menü ›La Tradizione‹ kostet mit Aperitif, Wein und Kaffee 60 €, das Sieben-Gang-Menü 65 €, mit Wein 80 € – ein unschlagbares Preis-Leistungs-Verhältnis! Denn die Qualität der von Piero Bertinotti zubereiteten regionaltypischen Speisen und deren Präsentation ist vorzüglich.

Frische marinierte Steinpilze oder Hähnchenbrust mit Wacholder und *bagna cauda* eröffnen den Reigen. Hausgemachte *agnolotti* oder Tagliatelle mit Basilikum und Pinienkernen sind nur zwei von sechs Vorspeisen. Bei den Hauptgerichten findet man *tapulone di Borgomanero*, ein Hackfleisch vom Esel, würzig zubereitet und kombiniert mit Polenta. Zur Auswahl stehen aber auch Fischgerichte wie Forelle mit Nussbutter oder Persico mit frittiertem Gemüse. Ente, im eigenen Fett geschmort, oder gebratene Taube locken als Fleischgerichte. Auch der Käsewagen lässt keine Wünsche offen. Die Desserts setzen dem wunderbaren Menü das i-Tüpfelchen auf. Ein warmes Schokoladentörtchen, mit Vanilleeis gefüllte Pfannkuchen in warmer Orangensauce oder die warme Marsala-Zabaione mit hausgemachtem Sahneeis versetzen den Gast in süße Schlemmerträume.

Viele ausgefallene Weine der Region kann Paola dem Gast empfehlen, denn sie versteht ihr Handwerk als Sommelière sehr gut und weiß zu jedem ihrer Weine etwas zu erzählen. Rundum verwöhnt verlässt man das Ristorante und hat nur den einen Wunsch – bald zurückzukommen.

Sterneküche aus Meisterhand, freundlich präsentiert von der Familie Bertinotti

Orta-See

36
Taverna Antico Agnello Ristorante

Karte: F 3
Via Olina
28016 Orta San Giulio
Tel. 03 22 9 02 59
Mi–Mo 12.30–14, 19.30–22 Uhr;
geschlossen 10. Dez.–10. Febr.
Kreditkarten: alle gängigen außer
Diners
Preiskategorie: moderat

Anfahrt: Das Restaurant liegt nur wenige Meter vom ›Hotel Orta‹ (s. S. 74) entfernt in der Fußgängerzone. Parkplätze oberhalb des Ortes.

Gutes Essen in uriger Atmosphäre

Das Restaurant: Lilli Romussi ist die Seele dieses gemütlichen Lokals. Die gelernte Dolmetscherin hat nicht nur gute Sprachkenntnisse, sondern auch eine Passion fürs Kochen. Geduldig geht sie auf die Wünsche der Gäste ein, hilft beim Übersetzen und berät freundlich bei der Auswahl der Speisen. Die bereitet ihr Mann Giulio Boschini in der winzigen Küche zu, unterstützt von Anna Tabozzi, die für die frische Pasta zuständig ist. Die *dolce* macht die Chefin selbst.

Die beiden Gasträume sind nicht sehr groß. Die weißen Wände harmonieren gut mit den dunklen Deckenbalken und dem alten Terrakottaboden. Blumen aus dem hauseigenen Garten schmücken Tische und Fenster. Auf den beiden winzigen Balkonen, die auf die Straße hinausragen, können nicht mehr als zwei Personen bei romantischem Kerzenschein dinieren.

Wer sich bei einem Glas Prosecco nicht gleich für eines der köstlichen Antipasti wie Salami und Schinken aus der Region, gegrillte Gemüse oder warme Gemüsetorte entscheiden kann, der sollte eine gemischte Platte bestellen. Viele einheimische Gäste bestellen die *gnocchi di pane*, weil sie so gut sind, mal mit Tomatensauce und Ruccola, mal mit Sahne zubereitet. Eine zart gebratene Entenbrust mit Himbeersauce oder ein Kaninchenrollbraten gefüllt mit Senf und frischen Gemüsen lassen den Gaumen ebenfalls frohlocken. Alle Speisen sind mit frischen Zutaten gekocht und leicht. So kann man sich genussvoll den *dolce* zuwenden oder vielleicht vorab noch etwas von der interessanten Käseauswahl genießen. Gorgonzola zählt zur Spezialität der Region und wird in unterschiedlichen Varianten, süß oder herzhaft, angeboten. Auch die übrigen Käse wurden bei den Bergbauern sorgfältig ausgewählt und erfreuen das Herz eines jeden Käseliebhabers.

37
Ristorante Sacro Monte

Karte: F 3
28016 Orta San Giulio
Tel. 03 22 9 02 20
Mi–Mo 12–14, 20–21.30 Uhr;
geschlossen Jan.
Kreditkarten: gängige, außer Diners
Preiskategorie: moderat

Anfahrt: Am Ortseingang von Orta an der großen Kreuzung rechts ab Richtung Zentrum, dann die zweite Möglichkeit links hinauf zum Sacro Monte. Vom Parkplatz bis zum Restaurant muss man noch einige Meter laufen.

Das Restaurant: Das Restaurant von Vittoriano Manzetti und seiner Familie befindet sich in einem romantischen, mit Wein bewachsenen Haus des ehemaligen Franziskaner-Konvents auf dem heiligen Berg (s. S. 79). Autos sind hier nicht zugelassen, deshalb herrscht eine himmlische Ruhe. Draußen laden Tische und Stühle während der schönen Jahreszeit zum Essen und Trinken ein.
Seit 1979 steht Vittoriano Manzetti am Herd, seine Frau Felicina und Tochter Giuditta machen den Service. Auch Vittorianos Sohn ist Koch und hilft dem Vater in der Küche. Zuerst betritt man die Bar, die mit wenigen Tischen und Stühlen ausgestattet ist und Spaziergänger einlädt, ein Glas zu trinken oder sich mit einem Kaffee zu stärken. Hinter der Bar liegt das einfach, aber geschmackvoll eingerichtete Restaurant. Man sitzt auf bequemen hellen Holzstühlen unter einer gewölbten Decke, die mit alten Holzbalken geschmückt ist. Ländlich-rustikal ist die Atmosphäre und sehr persönlich der Service von Felicina und Giuditta, die beide eine Sommelière-Ausbildung haben und gute Weinempfehlungen geben können.

Als Appetitanreger kommen Crostini mit hausgemachter Leberpastete auf den Tisch. Bei den Antipasti ist ganz besonders ein *affetato misto* – eine gemischte Platte mit verschiedenen Schinken und Salame zu empfehlen. Wildschweinschinken und Lebersalami sind die Spezialitäten des Hauses. Dazu reicht man selbst gebackenes Brot und köstliche hausgemachte Butter. Als Hauptgang sollte man unbedingt die leckere *bagna cauda* probieren, verschiedene rohe Gemüse die in eine heiße Sauce aus Olivenöl, Sardellen und Knoblauch getaucht werden. Sie lässt zudem Platz für einen Käseteller oder ein *dolce*, etwa Crème Caramel oder hausgemachte Torte. Danach noch Kaffee und Grappa, und man ist fit für den Abstieg nach Orta.

Ein piemontesisches Stillleben

Orta-See

38
Ristorante Al Soriso

Karte: F 4
Via Roma, 18/20
28018 Soriso
Tel. 03 22 98 32 28
Mi–So 12–14, 20–21.30 Uhr;
geschlossen Aug. und 15 Tage im Jan.
Kreditkarten: alle gängigen
Preiskategorie: teuer
Zimmer: DZ 190 €, EZ 120 € inkl.
Frühstück.

Anfahrt: Von Orta aus die SS 229 Richtung Gozzano und Borgomanero. Hinter Gozzano geht es rechts ab nach Soriso. Auf die Beschilderung achten! Das Restaurant liegt an der Hauptstraße mitten im Ort.

Das Restaurant: Wäre nicht der berühmte Gastronomietempel mitten in Soriso, würden sich nur wenige Touristen hierher verirren. Luisa und Angelo Valazza locken Feinschmecker aus der ganzen Welt in ihr hochdekoriertes Ristorante, das so herrlich normal geblieben ist. Betritt man das direkt an der Straße gelegene Haus, steht man unten im Salon mit kleiner Bar. Ein paar Stufen höher, sozusagen im ersten Stock, empfängt der Hausherr die Gäste. Locker und freundlich, so als würde man sich schon lange kennen. Im Gastraum herrscht keine steife Atmosphäre, und auch das Publikum ist ganz normal. Ebenso wie die Kellner, die freundlich versuchen, alle Wünsche zu erfüllen und bemüht sind, notfalls in mehreren Sprachen die Speisen zu erklären.

Das Ambiente ist gediegen. An großen runden Tischen stehen dick gepolsterte, sehr bequeme Stühle, die Tische sind mit rosafarbenen Stoffen dekoriert. Man sitzt wie im Wohnzimmer und kann sich beim Aperitif eines der beiden Menüs aussuchen oder sich à la carte entscheiden. Für 120 € werden sechs Gänge geboten, wobei eines der beiden Menüs mehr Fischgerichte enthält. Luisa steht seit vielen Jahren selbst in der Küche und verwöhnt ihre Gäste mit den Köstlichkeiten der Region, die sie mit viel Raffinesse zubereitet. Wie viele ihrer Kolleginnen ist sie Autodidaktin und hat aus Passion mit dem Kochen angefangen. Zusammen mit ihrem Mann suchte sie einen ruhigen Ort zum Arbeiten und fand ihn in ihrem Heimatdorf Soriso, wo beide Anfang der 1980er Jahre dieses Haus kauften, um ein Ristorante mit Hotel einzurichten. Luisas Können am Herd wurde bereits 1982 mit dem ersten Stern belohnt, seit 1997 gibt es den dritten Stern für eine Küche, welche die frischen Produkte der Region un-

prätentiös zubereitet auf den Teller bringt.

Einen leicht französischen Einschlag verrät die fette Gänseleber mit Zwiebelmarmelade und Nektarinenherzen. Aber auch die neuen Kartoffeln gefüllt mit gratiniertem Ei und weißem Trüffel entzücken das Feinschmeckerherz. Unter den Vorspeisen findet man köstliche grüne Raviolini mit Bettelmattkäse und Gebirgsbutter. Da Vercelli mit seinem berühmten Reis nicht weit entfernt liegt, darf das Risotto natürlich nicht auf der Karte fehlen. Es ist mit frischen Kräutern und Flusskrebsen zubereitet. Kaninchen mit Rosmarin und schwarzen Taggiascha-Oliven oder Perlhuhn, karamellisiert mit Sesam und Pfirsichen werden z. B. im Hauptgang geboten. Reizvoll klingen auch die Medaillons vom Milchlamm oder die Taubenbrust in Moscato gegart. Da fällt die Entscheidung schwer. Auf keinen Fall sollte man den Käsewagen an sich vorüberziehen lassen. Den süßen Ab-

Tipp

Gefüllte Steinpilze

für 4 Personen
4 Steinpilze mittlerer Größe
1 EL Petersilie, Kerbel, Schnittlauch
1 Knoblauchzehe, kleingehackt
1 Schalotte, kleingeschnitten
Salz, Pfeffer, Olivenöl

Pilze säubern, den Stiel herausschneiden und die Fläche glätten. Den Stiel klein schneiden und zusammen mit der Schalotte und dem Knoblauch anschwitzen. Abschmecken und die Petersilie hinzufügen. Die Pilzkappe damit füllen und diese in eine mit Olivenöl ausgestrichenen feuerfeste Form geben. Die Pilze mit Olivenöl bestreichen, salzen, pfeffern und für 10 Min. auf der mittleren Schiene des Backofens bei 180 °C überbacken. Inzwischen die Sauce bereiten. Dazu Öl in der Pfanne erhitzen, Schnittlauch, Petersilie und Kerbel andünsten. Pilze auf einen Teller setzen und mit der Sauce umträufeln.

schluss bildet ein Limonenparfait mit Fruchttörtchen oder eine Suppe aus weißen Pfirsichen und Süßwein begleitet vom hausgemachten Minzeeis. Derart verwöhnt kann man sich glücklich schätzen, ein Zimmer im Haus zu haben, um dieses kulinarische Erlebnis noch bis zum nächsten Tag nachwirken zu lassen.

Die Käseplatte im Soriso lässt kaum einen Wunsch offen

39
Ristorante Macallé

Karte: F 4
Via Boniperti, 2
28015 Momo
Tel. 03 21 92 60 64
Do–Di 12–14, 20–21.30 Uhr;
geschlossen 10 Tage im Aug. u. 14 Tage im Jan.
Kreditkarten: alle gängigen
Preiskategorie: gehoben
Zimmer: DZ 98 €, EZ 65 €, Frühstück inkl.

Anfahrt: Von Orta über die SS 229 Richtung Novara bis Momo. An der großen Kreuzung im Ort biegt man links ab und fährt direkt rechts in den Hof auf den Parkplatz des Restaurants.

Das Restaurant: Das berühmte Reisanbaugebiet um Vercelli befindet sich ganz in der Nähe. Vielleicht rührt man im Hause Macalle deshalb eines der besten Risotti der Region. Das hat sich herumgesprochen, das Lokal ist gut besucht, und auf vielen Tischen sieht man diese Spezialität des Hauses, mit getrüffelter Bratensauce zubereitet. Das Ristorante ist geräumig, sehr hell und mit vielen Pflanzen dekoriert. Der Gast hat Platz an den schön eingedeckten Tischen, und Silvana Zuin serviert charmant die köstlichen Speisen, die ihr Mann zubereitet hat.

Die Speisekarte ist überschaubar und enthält viel Regionaltypisches. So gibt es bei den Antipasti eine Auswahl von Salami und Schinken aus den umliegenden Tälern oder eine hausgemachte warme Schweinswurst (*cotechino*) mit *fonduta*. Neben Fisch und Froschschenkeln kann man als Hauptgang Gänsefleisch aus eigener Zucht

Signor Sergio Zuin in seiner Küche

wählen oder Zicklein mit Polenta in Madeira gegart. Auch der Sattel vom Milchferkel im Ofen gebacken verlockt den Gaumen des Feinschmeckers. Eine *zabajone della nonna* oder ein *bunet* könnten den Reigen beschließen. Wäre da nicht dieser riesige Käsewagen mit einer herrlichen Auswahl an Gorgonzola. Liebhaber von Schimmelkäse werden hier frohlocken, denn die Qualität ist hervorragend und gepaart mit einem Gläschen Moscato jedem anderen Dessert überlegen.

Sergio Zuin hat über viele Jahre einen beachtlichen Weinkeller mit guten Tropfen aus der ganzen Welt, vor allem aber aus der Region aufgebaut. Momo liegt unweit von Ghemme und Gattinara und ist deshalb als Standort für den privaten Weineinkauf sehr gut geeignet. Was liegt da näher, als sich im Macalle nicht nur kulinarisch verwöhnen zu lassen, sondern auch gleich eines der geschmackvoll eingerichteten Zimmer zu mieten.

Ristorante La Quartina

40

Karte: F 3
Via Pallanza, 20
28802 Mergozzo
Tel. 032 38 01 18
Di–So 12–14.30, 19–21.30 Uhr;
geschlossen Dez.–Febr.
Kreditkarten: alle gängigen
Preiskategorie: gehoben
Zimmer: DZ 105 €, EZ 70 €, inkl.
Frühstück.

Anfahrt: Das Restaurant liegt am südlichen Ortsausgang direkt am See.

Das Restaurant: Laura Profumo bereitet mit viel Leidenschaft die typischen Gerichte der Region zu. Besonders gerne macht sie Risotto mit frischem Fisch aus dem See. Ein *tortino di funghi* steht als Antipasto während der Pilzsaison immer auf der Karte. Außerdem gibt es natürlich hausgemachte Pasta oder *gnocchetti di zucca* während der Kürbissaison als *primo*. Als *secondo* locken Hirschkoteletts mit Kräuterkruste oder Entenbrust aus dem Ofen. Auch der klassische Rinderschmorbraten mit Polenta und frischen Steinpilzen ist nicht zu verachten. Die Desserts sind eher klassisch: Panna cotta, Parfait all'Amaretto oder Mousse au chocolat. Besonders zu empfehlen sind die Käse, die Laura von ausgewählten Bauern aus dem Gebirge bringen lässt, sodass man hier Käse probieren kann, den man in keiner anderen Region findet. Serviert werden die Köstlichkeiten von Ehemann Gianni Cordero.

Der große Speiseraum ist schlicht, denn hier soll das Essen im Vordergrund stehen. Im Sommer kann man auf der fein eingedeckten Terrasse mit Blick auf den See speisen. Die zweite Terrasse über dem Restaurant steht Hotelgästen zur Verfügung. Ein kleiner Park garantiert Ruhe und macht die romantische Atmosphäre perfekt. Am schönsten ist es hier im Frühjahr und Sommer, wenn das ganze Haus von einem Blütenmeer umgeben ist.

Im La Quartina speist man draußen in märchenhafter Umgebung

Einkaufen

Einkaufen

Bummeln und shoppen, das kann man sicherlich am besten in den Metropolen. Turin, die Hauptstadt des Piemont, bietet sich dafür an, liegt aber etwas abseits vom Herzstück der Region. Wen es jedoch nicht in die Großstadt zieht, der findet in Asti ein Äquivalent im kleinen Stil. Hier präsentieren sich einige schicke Läden, modern aufgemacht und untergebracht in stilvoll restauriertem mittelalterlichen Gemäuer. Auch Turiner oder Mailänder verschlägt es gelegentlich in die Provinzmetropole, denn schöne Modegeschäfte bieten für Jung und Alt exquisite Kleidung und Accessoires auch der bekannten Label. Nach dem Einkauf trifft man sich dann in einer der vielen Bars zum Aperitif bevor es ins Restaurant geht.

Natürlich will jeder Piemont-Reisende in erster Linie Wein einkaufen. Das kann man in den vielen Enotheken in Alba, Asti oder auf dem Lande und natürlich direkt beim Winzer. Wichtig zu wissen ist, dass die Weine in den Geschäften nicht wesentlich teurer sind als auf dem Weingut.

Einkaufen

Viele bekanntere Betriebe verkaufen sogar nur noch über den Handel und nicht mehr direkt. Der persönliche Kontakt zum Winzer ist jedoch wesentlich interessanter als der anonyme Einkauf im Geschäft. Die beste Einkaufsquelle sind nach wie vor die regionalen Enotheken, die von den Weinbauverbänden unterhalten werden. Hier findet man eine gute Auswahl der wichtigsten ortsansässigen Produzenten. Fast genauso wichtig wie der Weinkauf ist für viele der Erwerb eines guten Grappas. Die meisten Winzer geben ihren Trester ab an größere Destillerien und lassen vor Ort brennen. Die fertige Ware wird dann wieder auf dem Weingut mit dem hauseigenen Label verkauft. Deshalb ist es durchaus sinnvoll, direkt bei den bekannten Brennereien einzukaufen, denn der Preis ist oftmals günstiger und die Auswahl größer.

Viele andere Spezialitäten, wie z. B. *cugna*, *mostarda*, eingelegte Früchte und Salami, sollte man auch möglichst direkt beim Erzeuger kaufen. Die beste Quelle dafür sind die normalen Wochen- oder die kleineren Bauernmärkte. Aber die Erzeuger freuen sich auch immer, wenn man sie direkt anfährt. Gute Salami findet man bei den ortsansässigen Metzgern. Konditoreien und Patisserien bieten hervorragende süße Köstlichkeiten.

Eingelegte Produkte sind im Piemont weit verbreitet, sie halten sich lange und sind gut zu transportieren. So ist es möglich, feinstes Obst und beste Käse auch zu Hause zu genießen. Steinpilze bekommt man sowohl eingelegt als auch getrocknet, wobei die getrocknete Version über das stärkere Aroma verfügt. Die Trüffelpilze sollte man am besten frisch vor Ort genießen. Sie verderben schnell und verlieren noch schneller ihr köstliches Aroma. Dafür ist der Preis zu hoch. Um dennoch einen Hauch von ihrem guten Geschmack einzufangen, bietet es sich an, Trüffelöl oder -butter mit nach Hause zu nehmen. Möchte man die in heimischen Gefilden in edlem Design präsentieren, empfiehlt sich ein Abstecher in den Norden zu Alessi.

Weinangebot an der Straße nach Monforte

Einkaufen/Culinaria

Culinaria

Delikatessen & Enoteche

Agliano Terme (E 7)

Salumeria Truffa
Via Mazzini, 1
Mitten in Agliano gibt es einen der besten Salami-Produzenten der Region. Spezialitäten sind die köstliche Trüffelsalami und die in Barbera getränkte Salami. Das Geschäft erkennt man an den blau-weißen Markisen.

Alba (E 8)

Enoteca Fracchia Bercchialla
Via Vernazza, 9
In schönem Ambiente findet man fast alle großen Weine der Region. Die Beratung ist freundlich und vor allem fachmännisch.

Forte Gianni
Bereits seit drei Generationen beschäftigt sich die Familie Gianni mit der Suche von weißen Trüffeln, unterstützt von drei Trüffelhunden. Wer interessiert ist, bei der Trüffelsuche mitzumachen, kann sich anmelden (Tel. u. Fax 01 41 84 35 45).

Io, Tu e I Dolci
Piazza Savona, 12
Tel. 01 73 44 17 04
Mo, Di und Mi geschlossen
Feinste Pralinen und Schokoladenspezialitäten.

Acqui Terme (F 8)

Pasticceria del Corso
Valerio Marenco
Corso Bagni N., 101
Tel. 01 44 35 69 2
Beste Amaretti der Region.

Asti (E 7)

Pasticceria Giordanino
Corso Alfieri, 254
Hier gibt es Gebäck, Pralinen und *dolce* vom Feinsten. Wer was auf sich hält, bestellt bei Giordanino, der auch das Frühstücksbuffet im ›Hotel Aleramo‹ bestückt.

Fucci Formaggi
Piazza Statuto, 9
Dieser Käseladen mitten im Ort ist nicht nur schön anzuschauen, hier bekommt man auch den besten Käse. Die Auswahl ist groß und die Bedienung im immer vollen Geschäft sehr freundlich.

Apicoltura Civarolo
Frazione Casabianca, 103
Tel. 01 41 41 06 00
Riccardo Civarolo produziert 15 verschiedene Honige von erlesener Qualität. Kastanien- und Lindenhonig aus den Canavese-Tälern sind die Spezialität des Hauses.

Musica per il Palato
Loc. Cappuccini, 14
Tel. 01 41 21 00 24
Hier werden Spezialitäten nach alten Rezepten hergestellt, wie z.B. Kürbispüree oder eine exzellente Mostarda, die beide gut zu frischem Ziegenkäse passen. Ein Kompott aus grünen Tomaten und Feigen und verschiedene marinierte Gemüse findet man ebenso unter den unzähligen Soßen zur Verfeinerung von Fleisch oder Käse.

Davide Barbero
Via Brofferio, 84
Tel. 01 41 59 40 04
Der führende *torrone*-Produzent in der Provinz Asti. Neben dem berühmten weißen Nougat wird hier auch feinste Schokolade mit Haselnüssen hergestellt.

Gelateria Veneta
Corso Alfieri, 330
Tel. 01 41 59 05 90
11–24 Uhr; Mo geschlossen
Hier gibt es das beste Eis, nach alten klassischen Rezepturen hergestellt. Bei der großen Eis-Messe in Rimini erhielt das Moscato-Eis den ersten Platz.

Barbaresco (E 8)

Enoteca Regionale
Via Torino, 8a
9.30–13 und 14.30–18 Uhr; geschlossen Mi, im Januar und erste Augustwoche
In der ehemaligen Kirche aus dem 19. Jh. werden 120 verschiedene Weine von 80 Produzenten aus der Barbaresco-Region zum Verkauf angeboten. Eine kleine Auswahl an Wein ist auch immer zum Probieren geöffnet.

Barolo (D 8)

Panetteria Cravero
Via Roma, 63
Hier gibt es neben allen anderen Köstlichkeiten der Region die besten Grissini, die jeden Tag frisch gebacken werden.

Enoteca Regionale del Barolo
Piazza Falletti
10–12.30 und 15–18.30 Uhr;
geschlossen Do und im Januar
Die bekannten Baroloweine sind hier ausgestellt und werden auch zum Verkauf angeboten.

Bra (D 8)

Macelleria Aprato
Corso V. Emanuele II, 162
Tel. 01 72 42 63 34
Mo und Do nachmittags geschlossen
Hier gibt es die Spezialität von Bra, die

weit über die Grenzen der Stadt bekannt ist, die Salsiccia di Bra, eine Art frische Bratwurst aus piemontesischem Kalbfleisch und etwas Schweinefleisch.

Canale (D 7)

Enoteca Regionale del Roero
Via Roma, 57
Canale als Zentrum des Roero bietet eine gut sortierte Enoteca mit umfangreichem Informationsmaterial zu den Weinen und der Region. Alle Weine der bekannten Produzenten des Roero sind hier ausgestellt und werden auch zum Verkauf angeboten. Die Beratung ist besonders freundlich und hilfsbereit.

Gastronomia La Piazza
Via Roma, 53
In diesem alten Feinkostladen unter den Arkaden von Canale findet man die Köstlichkeiten der Region wie Salami, Käse und den gebratenen, mit Arneis aromatisierten Schinken, der als Antipasto in feine Scheiben aufgeschnitten wird.

Canelli (E 8)

Pasticceria Bosca Sergio
Piazza A. d'Aosta, 3
Tel. 01 41 82 33 29
Mo geschlossen
Amaretti, weicher Torrone, feine Kuchen.

Castagnito (E 8)

Veca
Via Neive, 79
Tel. 01 73 21 18 19
Hier wird die ›Fiorlanga‹ hergestellt, eine Creme aus besten Haselnüssen des Piemont.

Cessole (E 8)

Arboria
Via Roma, 124
Aus Ziegenmilch wird der berühmte Robiola di Roccaverano dop hergestellt. Roccaverano liegt ca. 800 m hoch, umgeben von saftigen grünen Wiesen mit vielen wilden Pflanzen, die zusammen mit dem milden Klima den idealen Lebensraum bilden für die Ziegen.

Costigliole d'Asti (E 7)

Cantina Communale
Via Roma, 9
Fr 10–12, So, So 10–12 und 15–18 Uhr.
In den Kellern des Rathauses werden die lokalen Weine und die typischen gastronomischen Produkte aus dem Gebiet um Costigliole vorgestellt.

Cravanzana (E 8)

La Bottega del Borgo Antico
Via del Forno
Im Zentrum des Haselnussanbaus gibt es bei Franco Rabino alle Köstlichkeiten aus Nüssen. Alles ist nach alten Hausrezepten selbst gemacht: Pralinen, Nusscreme, Gebäck und natürlich geröstete Nüsse. Besonders lecker ist der Nusskuchen!

Govone (E 7)

Michele Cuniberto
Via Trinita, 2
Tel. 017 35 87 30
Zwischen Asti und Alba liegt diese Azienda Agricola, die ihre frischen Produkte einkocht und so haltbar macht für die kühlere Jahreszeit. Ideal auch zum Mitnehmen sind die Köstlichkeiten, die nach Großmutters Rezepten zubereitet und eingeweckt werden. So findet man

Tipp

Biologische Steinmühle Marino

Die Mühle der Familie Marino ist eine der letzten noch voll funktionstüchtigen Steinmühlen in Italien. Besondere Beachtung wird der Verarbeitung aller garantiert biologischen Rohstoffe schon von der Lagerung an geschenkt. Der Gebrauch von chemischen Zusatzstoffen wie Desinfektions- oder Konservierungsmittel wird abgelehnt. »Unser Mehl ist dank dem Weizenkeimöl nicht nur besonders schmackhaft, sondern auch für Diabetiker und Personen mit Darmproblemen speziell zu empfehlen«, erzählt der alte Marino stolz. Die Weichweizenmehle werden gemäß der ältesten, bekannten Mahltechnik in niedertourigem Mahlgang mit dem Mahlstein hergestellt. Dieses Vorgehen erlaubt es, das Getreide zu Mehl zu verarbeiten, ohne die Aufbaustoffe zu beeinträchtigen und den vitalen Anteil des Weichweizens, den Weizenkeim, im Mehl zu erhalten. Das Korn bewahrt auf diese Weise seinen charakteristischen Geschmack und den vollen Nährwert. Man kann die Mühle besichtigen und alle Mehle hier kaufen. Cossano Belbo, Via Caduti per la Patria, 25, Tel. 01 41 8 81 29.

Birnen, Aprikosen und Pfirsiche in Sirup oder frische Gemüse in Olivenöl. Neben Honig darf das berühmte *cugna* nicht fehlen, denn dieses dunkle, aus Trauben und Nüssen in Rotwein eingekochte Mus gehört zu jeder Käseplatte. Diese köstliche Spezialität des Piemont wird im Hause Cuniberto besonders lecker zubereitet und lohnt den Weg hierher. Sehr gastfreundlich ist der Empfang der Familie Cuniberto. Man sollte jedoch vor dem Besuch anrufen.

Grinzane Cavour (D 8)

Enoteca Regionale Piemontese
Castello di Grinzane
9–12 und 14.30–18 Uhr;
geschlossen Di und im Januar
Seit vielen Jahren befindet sich in der eindrucksvollen Burg aus dem 13. Jh. die Landesönothek mit einem reichhaltigen Angebot an Weinen und Grappe der Region.

Guarene (E 8)

Pastificio delle Langhe
Loc. Vaccheria, strada Parini, 6
Tel. 017 33 63 35
Sa geschlossen
Zwischen Tagliatelle, Campanelle, Maltagliati, Riccioli und Spumoni ist man in diesem Geschäft im siebten Pasta-Himmel und entdeckt viele Nudelformen, die man noch nicht kennt.

Mango (E 8)

**Enoteca Regionale
Colline del Moscato**
Via XX Settembre, 19
10.30–13 und 15–18 Uhr;
geschlossen Di und im Januar
In der Enoteca im Schloss von Mango werden außer Moscato d'Asti, Schaumweinen und Dolcetti typische Piemonteser Süßspeisen und Heilkräuter der Alta Langhe präsentiert.

Einkaufen/Culinaria

La Morra (D 8)

Il Mulino di Renzo Sobrino
Via Roma, 108
In dieser alten Steinmühle werden biologische Mehle ohne jegliche Zusätze produziert. Neben dem Maismehl für die traditionelle Polenta gibt es Mehle aus Kamut, Gerste, Hafer und Kastanien.

Cantina Comunale
Via C. Alberto, 2
10–12.30 und 14.30–18.30 Uhr;
Di geschlossen.
Probieren und kaufen kann man hier, mitten im Ort, die bekannten Weine der Region La Morra.

Giovanni Cogno
Via Vittorio Emanuele
Tel. 01 73 50 91 92
Spezialitäten: Nusstorte und Schokolade mit Barolo.

Montaldo Scarampi (E 7)

Salumificio Stocco
Via Rocca d'Arazzo, 34
Tel. 01 41 95 30 02
Do vormittags geschlossen
Man betritt ein ganz normales Lebensmittelgeschäft wie viele andere, doch der köstliche Duft von Salami läßt den Besucher die Spezialität von Rita Stocco und ihrem Mann Mauro schon erahnen. Die köstlichen Cacciatorini sind genau das Richtige für ein Picknick im Grünen oder den kleinen Hunger zwischendurch. Aber auch als Mitbringsel sind sie gut geeignet.

Montegrosso d'Asti (E 7)

Azienda Agricola ›La Zucchetta‹
Via Val Zucchetto, 2
Typische Produkte vom Bauernhof.

Orta San Giulio (F 3)

Enoteca Re di Coppe
Piazza Motta, 32
Hier findet man eine gute Auswahl Piemonteser Weine und Grappe. Interessant sind vor allem die Tropfen aus Gattinara und Ghemme, den benachbarten Anbauzonen. In der gemütlichen Enoteca mit Kamin kann man ein Glas Wein trinken und eine Kleinigkeit essen. Eine interessante Mischung aus Touristen und Einheimischen geht hier ein und aus.

Roccaverano (E 8)

Andre Pfister
Cascina Poggi
Frazione Mombaldone
Tel. 01 44 95 07 30
Eine Empfehlung des ortsansässigen Ristorante ›Aurora‹ ist dieser Bauernhof mit dem besten Ziegenkäse der Region in verschiedenen Reifegraden.

Caseificio Sociale
Regione Tassito
Hier gibt es Informationen über die Herstellung der verschiedenen Käse der Region. Neben frischem Käse findet man auch Butter und eingelegte Käse.

Rocchetta Tanaro (F 7)

Il Panate di Mario Fongo
Piazza Italia, 4
Mitten im Ort liegt das Geschäft der Familie Fongo, die drei über die Grenzen Italiens bekannte Produkte herstellt. Die ›Schwiegermutterzungen‹ sind aus Mehl, Wasser, Salz und Olivenöl hauchdünn gebacken und einen halben Meter lang. Sie werden zum Essen gereicht anstelle von Brot und sind herrlich knackig. Auch die geplätteten Grissini und der berühmte Zitronenkuchen sind ein

Signor Cuniberto auf dem Markt in Canale

Markenzeichen dieser Bäckerei, die hier seit 1945 nur beste Produkte nach überlieferten Rezepten verarbeitet.

Sommariva Bosco (D 7)

La Genuina
Via V. Emanuele II, 2
Tel. 017 25 40 08
Mo u. Do vormittags geschlossen
Die besten *agnolottini del plin*, gefüllte kleine Teigtäschen, werden hier von Frauenhand liebevoll geformt. Schon der Anblick lässt einem das Wasser im Munde zusammenlaufen.

Trüffel

Alba (E 8)

Gianni Forte
Via Belli, 14
Tel. 01 41 84 35 45

Peccati di Gola
Trüffel und Feinkost
Via Cavour, 11
Tel. 01 73 36 13 58

Asti (E 7)

Sandrino Tartufi
Piazza Campo del Palio
Tel. 01 41 55 69 11 oder 01 41 35 10 51

Monta d'Alba (D7)

Dal Trifule
Piazza V. Veneto, 16
Tel. 01 73 97 54 55
Mo und Di vormittags geschlossen, So geöffnet

Piobesi d'Alba (D 8)

Tartuflanghe
Località Catena Rossa, 7
Tel. 01 73 36 26 27

Wein & Grappa

Barolo, Barbaresco & Co.

Wein und Trüffel sind die Markenzeichen des Piemont, das berühmt ist für seine B-Weine wie Barolo, Barbaresco und Barbera, aber genauso berüchtigt für seine A-Weine – wie Asti spumante. Insgesamt verfügt das Hügelland zwischen Alpen und Ligurien über 60 000 ha Rebfläche, wovon fast 90 % auf die Produktion von DOC- oder DOCG-Weinen fallen, also auf die wertvollste Kategorie von Weinen in Europa, die Qualitätsweine bestimmter Anbaugebiete.

Das Weinbaugebiet unterteilt sich in mehrere Hauptbereiche: Langhe, Roero, Monferrato und das Hügelgebiet bei Novara. Der Tanaro, ein Nebenfluss des Po, verbindet zwar die beiden Weinbauzentren Asti und Alba, teilt aber gleichzeitig die zentrale Weinregion Piemonts in zwei Teile. Er zerschneidet die Hügelketten der Langhe im Südosten, an die sich das Monferrato anschließt, und des Roero im Nordwesten. Der Po trennt diese Gebiete von den Colli Novarese. In der Langhe liegen die beiden berühmten Dörfer Barolo und Barbaresco, hier ist die Metropole des Rotweins aus der Nebbiolotraube. Das Monferrato ist berühmt für seinen Barbera d'Asti und den süßen Moscato. Im Roero wachsen v. a. Arneis und Barbera d'Alba.

Obwohl die Nebbiolorebe, aus der Barolo und Barbaresco erzeugt werden, nur etwa 5 % im Anbau ausmacht, begründete sie doch den weltweiten Ruhm der Piemonteser Weine, die auf eine lange Tradition zurückblicken können. Doch noch vor 50 Jahren gab es auch süße Baroloweine neben trockenen und aromatisierten. Ein Qualitätsmerkmal aller großen Rotweine sind deren Tannine, die Gerbstoffe, die den Mund pelzig werden lassen, wenn sie jung sind oder unreif. Und davon besitzt der Nebbiolo im Übermaß. Lange Mazeration (Einweichen der angequetschten Trauben im eigenen Saft, um Farbe, Gerbstoffe und Geschmack zu verbessern) und jahrelange Fasslagerzeiten erbrachten meist Weine, die, wenn sie dann endlich einmal trinkreif waren, altersschwach und müde daherkamen. Das änderte sich erst, als zu Beginn der 1970er Jahre eine neue Generation die Höfe übernahm und sich von der bäuerlichen Tradition löste.

Wein war bis dahin für die meisten Bauern ein landwirtschaftliches Produkt unter vielen gewesen. Der beste wurde an Händler verkauft, was übrig blieb, diente der Selbstversorgung. Während die Alten früher im Piemont gegen den Hunger kämpften, kämpfen deren Kinder für einen besseren Wein. Immer mehr Erzeuger vermarkten daher heute ihren Wein selbst. Doch die Durchschnittsgröße der 1000 Winzer allein in Barolo liegt bei bescheidenen 1,22 ha Rebland. Wurden früher unterschiedliche Lagen von den Händlern miteinander verschnitten, um dem Wein nach außen hin ein einheitlicheres Bild zu geben, schreiben heute viele Winzer die Lagen aufs Etikett, was nicht immer einhergeht mit einer besonderen Qualität. Denn Barolo ist Barolo und darf den berühmten Namen tragen, wenn er nicht fehlerhaft ist.

Neben den traditionell gemachten Weinen gibt es heute solche, die weniger tanninbeladen und farbkräftiger sind. Natürlich hat auch die Barrique (kleines Fass aus neuem Eichenholz) ins Piemont Einzug gehalten. Sie dient quasi als biochemischer Reaktor zur Beschleunigung des Reifeprozesses. Der Wein wird früher trinkreif, zugänglicher, aber auch teurer, denn das Fass muss nach längstens fünf Jahren erneuert werden, und es passen nur 225 l hinein.

Tipp

Frauenpower – Le Donne del Piemonte

Das Piemont scheint in vielerlei Hinsicht eine besondere Welt zu sein. Auffällig ist, dass gerade in der Gastronomie und in der Weinszene viele Frauen an führenden Stellen zu finden sind. Ob sie am Herd stehen wie Giuseppina Fassi in Asti, Mariuccia Ferrero in Canelli, Mary Barale in Boves oder Luisa Valazza in Sorriso oder Weingüter führen wie Raffaella Bologna, Maria Borio, Silia Scaglione oder Maria Cristina Oddero, sie alle leisten auf ihrem Gebiet Überdurchschnittliches und werden dabei meist vom Mann an ihrer Seite nach Kräften unterstützt.

Viele der Frauen sind in der Vereinigung ›Le donne del Vino‹ organisiert, einer Vereinigung, die im Jahre 1988 ins Leben gerufen wurde und sich zur Aufgabe gemacht hat, die Kenntnis über den Wein einem breiteren Publikum zugänglich zu machen. Neben Gastronominnen und Produzentinnen haben sich Weinhändlerinnen, Önologinnen, Sommelières und Journalistinnen dem Verein angeschlossen. Sie alle wollen den Wein auf feminine, nicht feministische Weise fördern. Dazu gehören neben Kursen zur Weinbereitung und Verkostung auch kulturelle Veranstaltungen und Kochseminare. Weitere Informationen bei: Le Donne del Vino Delegazione Piemontese, Piazza Roma, 10, 14100 Asti, E-Mail: donnevin@tin.it.

Einkaufen/Wein & Grappa

Nur wenige Kilometer trennen die Dörfer **Barolo** und **Barbaresco,** nach denen die berühmtesten Weine des Piemont benannt sind. Sie stammen zwar beide aus der gleichen Rebe, sind aber trotzdem verschieden. Barbaresco hat weniger Tannin, weniger Säure, dafür aber mehr Frucht und ist früher trinkbar als sein Bruder, der dafür eine längere Lagerzeit verträgt. Beide erfreuen sich seit den frühen 1990er Jahren einer weltweit steigenden Nachfrage. Parallel dazu stiegen natürlich auch die Preise, z. T. in astronomische Höhen.

Ebenso wie für den Nebbiolo, ist auch für den **Barbera** bis heute keine einheitliche Weinphilosophie gefunden. Es gibt beide Weine in mehreren Varianten, als Basisversion und im kleinen Holzfass ausgebaut oder gar mit anderen Rebsorten verschnitten. Barbera ist ein ambivalenter Wein, der seine Noblesse erst im Barrique so richtig entfalten kann. Er ist herb-würzig, kräftig, von dunkler Farbe, und sein Defizit an Gerbstoffen gleicht er aus mit den Tanninen des Fasses. Kommt er aus der Gegend von Alba, ähnelt er dem Barolo, kommt er aus Asti, ist er fruchtig und kräftig, und das Monferrato schließlich steht für eine leichtere Version.

Dolcetto ist der unkomplizierte Rote aus dem Piemont. Er ist der Alltagswein der Piemonteser und passt zu fast jedem Gericht. Doch er ist nie der kleine Süße, wie der Name scheinbar nahe legt, sondern immer trocken, delikat und fruchtig.

In ihrer Bedeutung sind die **Weißweine** den Roten weit unterlegen, wenngleich Asti spumante in aller Welt bekannt ist. Es ist die industriell erzeugte Variante eines Schaumweines, der sich im Piemont als Moscato d'Asti und als Frizzante einiger Beliebtheit erfreut. Nicht wegen seiner geringen Alkohol-

Tipp

Jahrgangstabelle

Wie alles, was einen Durchschnittswert darstellen soll, ist auch eine Jahrgangstabelle keine absolute Größe. Letztlich entscheidet immer der eigene Gaumen!

2005	••••
2004	••••
2003	•••••
2002	••
2001	••••
2000	••••(•)
1999	••••
1998	•••••
1997	••••(•)
1996	•••••

•••••	großer Jahrgang
••••	sehr guter Jahrgang
•••	guter Jahrgang
(•)	zusätzliches Potenzial

gradation, sondern wegen seiner exzellenten Aromen.

Arneis ist die Domäne des Roero. Er ist gekennzeichnet durch die Aromen von Pfirsich, Ginster und Kamille. Moderat in der Säure, kommt er traubigfruchtig daher. Bekannter, aber nicht besser, ist der **Gavi,** der zu den jüngeren Weinen Italiens zählt und aus der Cortesetrebe gewonnen wird.

Wein gehört im Piemont zum Leben einfach dazu. Man trinkt ihn zur Begrüßung, zum Essen oder einfach so nebenbei. Die wichtigsten Auswahlkriterien sind sicherlich der eigene Geschmack, den es zu entwickeln gilt, und der Geldbeutel, denn Wein ist auch eine Ware und will bezahlt werden. Nicht immer muss der teuerste Tropfen der beste sein. Doch eins gilt auf jeden Fall: Weinwissen ist angetrunkenes Wissen, und unter diesem Aspekt gibt es im Piemont viel zu tun.

Die Winzerbetriebe im Piemont sind mehr oder weniger große wirtschaftliche Einheiten, in denen viel Arbeit anfällt. Die meisten Winzer freuen sich über den Besuch ihrer Kunden, doch sind nicht alle Betriebe speziell darauf ausgerichtet. Man sollte daher telefonisch einen Termin vereinbaren. Es kann auch vorkommen, dass – besonders bei den bekannteren Erzeugern – nicht mehr alle Weine zum Verkauf bereitstehen. Dann bietet es sich an, in Enotheken oder den Bottege dei Vini nachzufragen. Manchmal kommt man in Restaurants an sein Ziel, denn viele Gastronomen verkaufen auch Wein außer Haus.

Weine

Agliano Terme (E 7)

Azienda Agricola La Luna del Rospo
Frazione Salere, 38
Tel. 01 41 95 42 22
E-Mail: LALUNADELROSPO@TIN.IT
Renate Schütz und Michael Schaffer entschlossen sich vor einigen Jahren, in Salere ein altes Weingut zu kaufen und hier biologischen Weinanbau zu praktizieren. Renommierte Önologen standen ihnen beratend zur Seite, und so entstanden hervorragende Weine, die mit etlichen Preisen bedacht wurden. **Weine:** Barbera d'Asti Solo per Laura, Grignolino.

Tenuta Garetto
Strada Asti-Mare, 8
Tel. 01 41 95 40 68
www.garetto.it
Beim ersten Suchen kaum zu finden ist das große rote Haus der Familie Garetto mitten im Industriegebiet von Agliano an der SS 456. Aber die Suche lohnt sich, denn hier wird ein köstlicher Barbera d'Asti erzeugt, und die Familie, allen voran Sohn Alessandro, empfängt die Besucher sehr freundlich. **Weine:** Barbera d'Asti Tra Neuit e Di/In Pectore/Favá, Ruche'L Ciapin.

Agostino Pavia & Figli
Frazione Bologna, 33
Tel. 01 41 95 41 25
Versteckt zwischen den sanften Hügeln der Produktionszone des Barbera d'Asti liegt dieser Familienbetrieb. Das kleine Weingut mit 7 ha Land und 50 Jahren Weinbautradition produziert neben einigen Weißen drei beachtliche Barbera. **Weine:** Barbera D'Asti Bricco Blina, Moliss, La Marescialla.

Barbaresco (E 8)

Produttori del Barbaresco
Via Torino, 52
Tel. 01 73 63 51 39
www.produttori-barbaresco.it
Nebbiolo, Barbaresco und neun Lagen-Barbaresco werden von den 60 Mitgliedern der Genossenschaft produziert. Traditionelle Weinbereitung sind neben den guten Degustationsmöglichkeiten das Aushängeschild des Betriebs. **Weine:** Barbaresco Vigneti Montestefano Riserva/Vigneti in Pajé Riserva.

Calosso d'Asti (E 8)

Castello di Calosso
Piazza del Castello, 7
Tel. 01 41 85 35 49
www.castellodicalosso.it
Zehn Produzenten, bekannte und weniger bekannte, die zwischen Calosso, Canelli und Costigliole wohnen, aber alle

Rebanlagen in Calosso besitzen, haben sich zusammengetan und produzieren hier mit Rebstöcken, die älter als 40 Jahre sein müssen, Barberaweine, die deutlich vom Terroir geprägt sind. **Weine:** zehn verschiedene Barbera Lagenweine.

Castiglione Tinella (E 8)

Caudrina – Romano Dogliotti
S. Da Caudina, 20
Tel. 01 41 85 51 26
www.caudrina.com
Romano Dogliotti ist einer der Pioniere des Moscato d'Asti. Das Etikett für seine Selvetica stammt übrigens von Romano Levi. Seit einigen Jahren gibt es daneben auch gute Barbera d'Asti- und Chardonnay-Weine. **Weine:** Asti La Selvetica, Moscato d'Asti La Galeisa.

Canale (D 7)

Monchiero Carbone
Via San Stefano Roero, 2
Tel. 01 73 9 55 68
Francesco Monchiero leitet eines der besten Weingüter des Roero zusammen mit seinem Vater, der nicht nur der Bürgermeister von Canale ist, sondern auch einer der großen Önologen Italiens. Von feiner, eleganter Frucht ist der Arneis und etwas gehaltvoller, weil vom Barrique, der weiße Tamardi. Die fruchtigen Roten Barbera d'Alba und Roero Nebbiolo werden ergänzt durch den hervorragenden und fast immer ausverkauften Monbirone, einen Barbera barrique, und durch Printi, einen Nebbiolo vom neuen Holz. Es muss eben nicht immer Barolo sein. **Weine:** Roero Regret/Srü/Printi, Barbera d'Alba Monbirone.

Cascina Ca' Rossa
Loc. Case Sparse, 56
Tel. 01 73 9 83 48
Gleich am Hang gegenüber vom Friedhof liegt das rote Haus, wo Angelo Ferrio einen hervorragenden Wein produziert. Der Barbera ›Mulassa‹ ist im ›Gambero rosso‹ hervorragend bewertet und auch der Arneis ›Merica‹ kann sich sehen lassen. Ein interessanter Newcomer. **Weine:** Barbera d'Alba Mulassa und Audinaggio.

Azienda Agricola Correggia
Via Case Sparse, 101
Tel. 01 73 9 04 19
www.matteocorreggia.com
Schon seit einigen Jahren produziert dieses renommierte Weingut konstant gute Qualitäten – auch nach dem frühen Tod von Matteo Correggia. Weine, die wegen ihrer Klasse auch häufig in der gehobenen Gastronomie zu finden sind. **Weine:** Langhe Bianco Driveri, Barbera d'Alba Marun.

Malvira
Loc. Case Sparse Canova, 144
Tel. 01 73 97 81 45
www.malvira.com
In ihrer Cantina am Fuße des Weinberges Trinita haben die Brüder Damonte gezeigt, dass auch aus weniger guten Lagen Qualitätsweine in Anlehnung an den traditionellen Stil entstehen können, die sich nicht hinter den Weinen aus den berühmten Dörfern mit ›B‹ verstecken müssen. **Weine:** Langhe bianco tre uve, Langhe Rosso San Guglielmo, Roero sup.

Castagnole delle Lanze (E 8)

La Spinetta
Via Annunziata, 17
Tel. 01 41 87 73 96
Bekannt geworden ist das Gut durch seine Moscatoweine, international Furore machten die Fratelli Rivetti, Bruno, Car-

lo und Giorgio aber mit ihren Roten. Spitzenweingut, das jedes Jahr beste Bewertungen erreicht. **Weine:** Barbaresco Vigneto Gallina, Barbera d'Alba Vigneto Gallina, Monferrato Rosso Pin.

Castellinaldo (E 7)

Azienda Agricola Pinsoglio
Frazione Madonna di Cavalli, 8
Tel. 01 73 21 30 78
Fabrizio Pinsoglio produziert auf dem 8 ha großen Weingut neben dem klassischen Arneis einen gut bewerteten Nebbiolo d'Alba. Mit dem Kauf einiger Flaschen lässt sich ein Ausflug in eines der schönsten Dörfer des Roero abrunden. **Weine:** Roero, Nebbiolo d'Alba.

Cocconato d'Asti (E 6)

Bava
Strada Monferrato, 2
01 41 90 70 83
www.bava.com
Die Familie Bava blickt auf eine bald 100-jährige Tradition zurück. Die Kellerei befindet sich im Basso Monferrato, mitten im Barberagebiet. Und aus dieser Traube gibt es ganz hervorragende Exemplare. **Weine:** Barbera d'Asti sup. Piano Alto/Stradivario/Arbest.

Costigliole d'Asti (E 7)

Cascina Castlèt
Strada Castelletto 6
Tel. 0146 96 14 92
E-Mail: castlet@tin.it
Als Maria Borio vor über 30 Jahren den Betrieb übernahm, musste sie sich gegen die Männerwelt auf dem Gut durchsetzen. Heute stehen nicht nur Männer Schlange, um ihren Wein zu kaufen. **Weine:** Monferrato Rosso Policalpo, Barbera d'Asti superiore Passum.

Dogliani (D 8)

Quinto Chionetti e Figlio
Fraz. San Luigi, 44
Tel. 01 73 7 11 79
Das Weingut verfügt über 15 ha Rebland, das ausschließlich mit Dolcetto bestockt ist. Quinto Chionetti ist ein Pionier dieser Rebsorte, die er in zwei Varianten ausbaut. **Weine:** Dolcetto di Dogliani Briccolero/San Luigi.

F.lli Pecchenino
Fraz. Valdibà, 41
Tel. 01 73 7 06 86
E-Mail: a.pecchenino@onw.net
Die Brüder Attilio und Orlando übernahmen dies traditionsreiche Weingut im Jahre 1987 und verbesserten die Weinbautechnik entscheidend. Neue Flächen und der Ausbau im Barrique waren entscheidend für ihre Innovationen. **Weine:** Dolcetto di Dogliani Siri d'Jermu, Dolcetto superiore Bricco Botti/San Luigi.

Gattinara (F 4)

Nervi
Corso Vercelli, 117
Tel. 01 63 83 32 28
www.gattinara.alpcom.it/nervi
Die gehaltvoll feinfruchtigen Nebbioloweine, die hier gemacht werden, können es mit jedem guten Burgunder aufnehmen. Neben dem einfachen Gattinara begeistert ganz besonders der Lagenwein Vigneto Molsino. **Weine:** Amore, Gattinara Coste della Sesia.

Ghemme (F 4)

Rovellotti
Interno Castello, 22
Tel. 01 63 84 04 78
www.rovellotti.it

Antonello und Paolo Rovellotti produzieren seit 1970 Wein. Ihr Ghemme wächst auf den Hügeln rund um den Ort und ist wie üblich für Ghemme mit Vespolina und Uva rara verschnittener Nebbiolo, den ein Veilchenaroma kennzeichnet. **Weine:** Colline Novaresi, Ghemme (Riserva).

Antichi Vigneti di Cantalupo
Via Michelangelo Buonarroti, 5
Tel. 01 63 84 00 41
Die Familie Alunno gibt es schon seit 1550 in Ghemme. Im Jahre 1970 pflanzten sie neue Rebstöcke und bemühten sich seitdem sehr erfolgreich um die Wiederbelebung dieser fast vergessenen Weine aus der Rebsorte Spanna, wie der Nebbiolo hier genannt wird. **Weine:** Ghemme Signore di Bayard, Ghemme Collis Carellae.

Loazzolo (E 8)

Forteto della Luja
Casa Rosso, 4
Reg. Bricco
Tel. 01 41 83 15 96
E-Mail: fortetodellaluja@inwind.it
In der nunmehr zweiten Generation beweisen Gianni und Silvia, dass die Idee ihres Vaters Giancarlo Scaglione zukunftsweisend war. Nämlich Moscatotrauben überreif zu ernten und daraus einen Passito zu machen, einen Süßwein, der nicht pappig süß, sondern sehr edel daherkommt. Folgerichtig wurde er 1992 mit einer DOC gekrönt. **Weine:** Loazzolo Piasa Rischei, Monferrato Rosso Le Grive, Piemonte Brachetto.

Mezzomerico (F 4)

Il Roccolo di Mezzomerico
Tel. 03 21 9 27 14
E-Mail: margzap@tin.it

Pietro Gelmini arbeitet als Architekt in Mailand und als Weinmacher in Mezzomerico. Was einst ein Hobby war, hat sich längst zur ernsthaften Arbeit entwickelt und nimmt alle Familienmitglieder in Anspruch. Nicht nur die Gastronomie des oberen Piemont hat die Produkte für sich entdeckt, sein Ruf reicht mittlerweile bis ins Herz der Region, bis nach Asti. **Weine:** Colline Novaresi Nebbiolo Valentina/La Cascinetta, Colline Novaresi bianco Francesca.

Monteu (D 7)

Angelo Negro & Figli
Cascina Riveri
Fraz. S. Anna, 1
Tel. 01 73 9 02 52
Seit 1670 arbeitet die Familie Negro in den Weinbergen des Roero. Heute werden 300 000 Flaschen jährlich produziert. Das Gut verfügt über eine breite Palette der Rebsorten des Roero. **Weine:** Barbera d'Alba Bric Bertu, Roero sup. Sodisfa, Roero Prachiosso.

La Morra (D 8)

Azienda Agricola Cascina Ballarin
Frazione Annunziata, 115
Tel. 01 73 5 03 65
Neben all den großen und bekannten Namen ist dieser kleine Erzeuger eine gute Adresse für den Kauf einiger Flaschen Barolo. Die Familie Viberti produziert gute und ehrliche Qualitäten, die auch schon schmecken, wenn sie noch jung sind. Interessant sind auch die beiden Barbera. **Weine:** Barolo, Barbera d'Alba.

Elio Altare
Cascina Nuova, 51
Fraz. Annunziata
Tel. 01 73 5 08 35

Einkaufen/Wein & Grappa

Elio Altare gehörte einst zu den Revoluzzern, den Barolo-Boys, die den edlen Tropfen ins neue Fass steckten, um seine Kanten abzuschleifen. Heute sind seine Weine Klassiker, die man unbesehen kaufen kann. **Weine:** Barolo Vigneto Arborina, Langhe Larigi, Barbera d'Alba.

Monforte d'Alba (D 8)

Podere Rocche dei Manzoni
Loc. Manzoni Soprani, 3
Tel. 01 73 7 84 21
Eine gute Auswahl an Barolo und Barbera erwartet den Besucher, aber auch der Spumante brut zero hat sich einen guten Namen gemacht. Dieses renommierte Weingut von Valentino Migliorini etwas unterhalb von Monforte zeichnet sich durch einen besonders freundlichen Empfang aus und bietet bei allen Weinen sehr gute Qualitäten. **Weine:** Barolo Vigna Big, Langhe Quatr Nas.

Domenico Clerico
Loc. Manzoni, 67
Tel. 01 73 7 81 71
Domenico Clerico gehört seit langem zu den Spitzenerzeugern im Barolo-Gebiet. Seinen besten Barolo erzeugt er heute im Angedenken an seine früh verstorbene Tochter Cristina. Seit Jahren sehr gesucht ist auch sein ›Arte‹, ein Verschnitt aus Nebbiolo, Barbera und Cabernet. **Weine:** Barolo Percristina, Barbera d'Alba Trevigne.

Conterno Fantino
Via Ginestra, 1
Loc. Bricco Basti
Tel. 01 73 7 82 04
www.conternofantino.it
Wenige Meter oberhalb der Villa Becaris haben Claudio Conterno und Guido Fantino ihre neue Kellerei auf dem Hügel von Monforte errichtet. Auf gut 30 ha Land produzieren sie Weine von erstklassiger Qualität. **Weine:** Barolo Vigna del Gris/Sori Gines-

Einkaufen/Wein & Grappa

tra, Langhe Rosso Monprà, Barbera d'Alba Vignota.

Monta (D 7)

Almondo Giovanni e Domenico
Via San Rocco 26
Tel. 01 73 97 52 56
Besuchen Sie den Bürgermeister von Monta und probieren Sie die köstlichen Weine vom Weingut Almondo. Es lohnt sich, denn man wird freundlich von einem der Familienmitglieder empfangen und kann alles probieren. **Weine:** Bricco delle Ciliegie, Roero Bric Valdiana.

Neive (E 8)

Piero Busso
Via Albesani, 8
Tel. 01 73 6 71 56
Die Bussos stehen mit beiden Beinen auf der Erde und überraschen mit einer guten Preis-Genuss-Relation. Neben Barbaresco, Barbera und Dolcetto gibt es einen hervorragenden Verschnitt von Chardonnay und Sauvignon. **Weine:** Barbaresco Vigna Borgese/Bricco Mondino, Dolcetto d'Alba Vigna Majano.

Bruno Giacosa
Via XX Settembre, 52
Tel. 01 73 6 70 27
www.brunogiacosa.it
Bruno Giacosa gehört zum Urgestein des Piemonteser Weinbaus. Er kennt alles und alle, denn das gehörte früher zum Rüstzeug eines jeden Weinmachers. Kaum jemand besaß Land, alle kauften Trauben, die im eigenen Keller vinifiziert wurden. Traditionelle Weinbereitung auf höchstem Niveau. **Weine:** Barolo Falletto di Serralunga, Barbaresco Santo Stefano di Neive, Roero Arneis.

Nizza Monferrato (F 7)

Cascina La Barbatella
Strada Annunziata, 55
Tel. 01 41 70 14 34
E-Mail: noegtr@tin.it
Obwohl das Weingut erst 20 Jahre alt ist, verfügt es über alten Rebbestand und kann den berühmten Weinberg La Vigna del Angelo sein Eigen nennen. Eine der Qualitätslokomotiven im Monferrato. **Weine:** Barbera d'Asti sup. La Vigna dell'Angelo, Monferrato Rosso Sonico.

Priocca (E 7)

Azienda Agricola Hilberg-Pasquero
Via Bricco Gatti, 16
Tel. 01 73 61 61 97
Im renommierten Ristorante ›Il Centro‹ sitzen und einen Nebbiolo d'Alba von Hilberg-Pasquero trinken ist ja schon fantastisch. Aber sich einige Flaschen gleich beim ortsansässigen Weingut zu kaufen, ist ebenso verführerisch. **Weine:** Nebbiolo d'Alba, Barbera d'Alba (superiore).

Rocchetta Tanaro (F 7)

Giacomo Bologna ›Braida‹
Via Roma, 94
Tel. 01 41 64 41 13
www.braida.com
Anna, Giuseppe und Raffaela führen die Philosophie und Lebensart ihres Vaters Giacomo Bologna fort und bereiten mit Sachverstand und guter Technik, aber auch mit viel Passion Wein. Trotz großer Bekanntheit und weltweitem Erfolg sind die Bolognas ganz normale Leute geblieben, die ihre Besucher sehr warmherzig und freundlich empfangen. Die bekannten Weine neben Bricco dell'Uccellone sind Bricco della Bigotta und Ai Suma, aber auch die einfacheren Qualitäten wie Monella oder Grignoli-

no sowie die Weißweine des Gutes lohnen den Einkauf. **Weine:** Monferrato Rosso Bacialé, Barbera d'Asti superiore Bricco dell'Uccellone.

San Marzano Oliveto (E 8)

Ca d'Carussin
Regione Mariano, 27
Tel. 01 41 83 13 58
www.carussin.com
Als Carlo Ferro vor fast einem halben Jahrhundert das Weingut seines Vaters übernahm, war er gerade mal 13 Jahre alt. Heute steht Bruna zusammen mit ihrem Mann Luigi dem Betrieb vor. Beider große Passion ist der Barbera d'Asti, den es in drei Varianten gibt: als einfachen Barbera, als superiore und als Passito. **Weine:** Barbera d'Asti FerroCarlo/La Tranquilla, Respiro di Vigna.

Serralunga d'Alba (E 8)

Fontanafredda
Via Alba, 15
Tel. 01 73 61 31 61
www.fontanafredda.it
Das alte Königsgut verfügt über 100 ha Rebfläche in den besten Lagen. Seit Ende der 1990er Jahre eine neue Führungsmannschaft das Ruder übernommen hat, sind die Weine spürbar besser geworden. Eine Führung durch die Keller sollte man sich nicht entgehen lassen. **Weine:** Barbera d'Alba Papagena, Barolo Vigna Lazzarito.

Verduno (D 8)

Bel Colle
Fraz. Castagni, 56
Tel. 01 72 47 01 96
Bel Colle ist eines der wenigen Güter, die nicht ererbt wurden, sondern in den 1980er Jahren von drei Freunden aus Passion erworben wurde. Seit der Önologe Paolo Torchio den Betrieb managt, werden auf dem Gut typische Weine der beiden Ufer des Tanaro produziert. **Weine:** Barolo Monvigliero, Barbaresco Roncaglie, Barbera d'Alba Le Masche.

Vinchio (E 7)

Cantina – Sociale Vinchio – Vaglio
Reg. S. Pancrazio, 1
Tel. 01 41 95 09 03
www.vinchio.com
Aus 19 Winzern vor einem halben Jahrhundert sind heute über 200 geworden, die über mehr als 300 ha Rebland verfügen. Zumeist Steilhänge mit kalkhaltigen Böden und optimaler Südausrichtung, die umweltschonend bearbeitet werden. Gute Voraussetzungen also, um guten Wein zu machen. **Weine:** Barbera d'Asti superiore Vigne Vecchie, Grignolino d'Asti, Tre Serre brut.

Grappa

Grappa, vom Arme-Leute-Schnaps zum Modedestillat

Noch vor nicht allzu langer Zeit war Grappa ein Getränk der armen Leute, denen der Trester, also das, was beim Abpressen der Weintrauben übrig bleibt, überlassen wurde. Man reicherte die Abfälle mit Wasser an, und das erneute Abpressen ergab eine Flüssigkeit, die wie Wein gärte und danach Vinello hieß. Es waren wieder einmal Mönche, die auf die segensreiche Idee kamen, die *vinelli* zu verfeinern, indem sie diese destillierten. Die gesamte Nomenklatur der Destillation ist übrigens arabischen Ursprungs: die Brennblase heißt *al-ambiq* und der allseits bekannte flüchtige Stoff *al-kuh*.

Der Siegeszug des Grappa – der für manche Zeitgenossen übrigens eher femininen Geschlechts ist – hätte schon vor langer Zeit einsetzen können, hätte nicht der italienische Staat das Destillat aus dem Trester schon frühzeitig mit Steuern und Abgaben belegt, die es dem Weinbauern unmöglich machten, weiterhin in Eigenregie zu brennen. Das Geschäft des Brennens wurde von Profis übernommen. Technisch waren die Anlagen der fahrenden Brenner denen der Bauern überlegen, weil ihr Wissen fundierter war.

Was macht nun einen guten Grappa aus? Guter Grappa ist ein Destillat aus gutem Rohstoff. Der Trester muss möglichst frisch sein und genügend Feuchtigkeit haben. Der Trester muss schnell verarbeitet werden, denn schon nach wenigen Tagen können sich Schimmel und ein stechender Essiggeruch einstellen.

Wichtig bei der Kunst des Brennens ist, den Vorlauf *(testa)* und den Nachlauf *(coda)* vom Herzstück *(cuore)* richtig abzutrennen. Wartet man zu lange, nimmt man dem Grappa einen Teil seiner Frucht und der besten Aromen, wartet man zu kurz, verderben unangenehm schmeckende Substanzen das Produkt. Ein guter Grappa darf in der Nase weder grün riechen, noch aggressiv stechen, noch Fehlaromen aufweisen oder gar runtergehen wie Sandpapier.

Die Krise des Grappa in den 1970er Jahren hat so viele innovative Kräfte freigesetzt, dass die folgenden Dekaden mit einem beispiellosen Erfolg des einstigen Arme-Leute-Getränks gekrönt wurden. Ja, Grappa wurde in homöopathischen Dosen abgefüllt so teuer, dass er zum Luxusartikel wurde. Geblieben ist eine neue Typologie von Grappa, der rebsortenreine, dessen Duft an die jeweilige Stammrebsorte erinnert. Oft wird dieser Grappa für einige Jahre ins Eichenholzfass gelegt. Dann nimmt er nicht nur eine herrlich gelbe Farbe an, sondern wird gleichzeitig weicher. »Una grappa morbida!« sagt der Italiener dazu.

Wie lassen sich unterschiedliche Grappe unterscheiden? Der wichtigste Entscheidungsträger ist unser Gaumen: »Schmeckt!« oder »Schmeckt nicht!« Daneben kann man differenzieren nach der Reifedauer in junge oder gelagerte Grappe, denn es ist der einzige Brand, der sofort nach der Destillation eine eigene geruchliche Qualität entwickelt. Hinzu kommt die Unterscheidung nach dem Ursprungsgebiet, nach der Rebsorte in aromatische und weniger aromatische Qualitäten bzw. deren Verschnitt, und ob der Grappa aromatisiert wurde z. B. mit Kräutern oder Früchten. Werden ganze Früchte vergoren, heißt es nicht mehr Grappa, sondern Aquavite d'Uva, wird Wein gebrannt, spricht man von Brandy.

Alba (E 8)

Distilleria Santa Teresa dei Fratelli Marolo
Corso Canale, 105/1
Tel. 01 73 3 31 44
www.Marolo.com
Paolo Marolo versteht es, handwerklich-traditionelle Techniken mit modernen Erkenntnissen zu vereinen. Diese Philosophie zeigt sich auch in der Ausstattung der modernen Flaschen mit traditionellen Etiketten.

Barbaresco (E 8)

Destilleria del Barbaresco
Via Bricco Albano, 3
Tel. 01 73 63 52 17
In den 1970er Jahren wurde diese Destillerie gegründet, die heute für bedeutende Produzenten der Region arbeitet.

Cortemilia (E 8)

Distilleria Castelli
Corso Einaudi, 55
Tel. 01 73 8 10 93
Giuseppe Castellis Vater hat die Destillerie einst von Eugenio Levi gekauft. Ende der 1960er Jahre wurde der Betrieb restrukturiert und erzeugt heute Grappe von traditionellem Zuschnitt.

Gallo d'Alba (E 8)

Distilleria Dott. Mario Montanaro
Via Garibaldi, 6
Tel. 01 73 26 20 14
www.distilleriamontanaro.com
1885 wurde hier der erste reinsortige Barolograppa gebrannt. Mittlerweile verfügt Montanaro über mehr als ein Dutzend unterschiedlicher Brände. Die Destillerie liegt an der Hauptstraße mitten in Gallo und präsentiert ihre Produkte in einem neu errichteten Verkaufsraum.

Ghemme (F 4)

Luigi Francoli
Corso Romagnano, 20
Tel. 01 63 84 47 11
www.francoli.it
1895 wurde diese Destillerie im Valtellina gegründet. Kurz nach dem Ersten Weltkrieg übersiedelte man nach Ghemme. Junge und fassgelagerte Grappe umfasst das Angebot aus Bränden unterschiedlicher Rebsorten.

Mombaruzzo (F 7)

Distilleria Berta
Fraz. Casalotto, Via Guasti, 30–36
Tel. 01 41 73 95 28
www.distilleriaberta.it
Berta gilt als die führende Destillerie im Piemont. Die Brände sind von einer kaum zu übertreffenden Fruchtnote gekennzeichnet, erreicht durch eine besonders schonende Behandlung des Tresters.

Mombercelli (E 7)

**Distilleria Astigiana
di Franco Barbero**
Corso Alessandria, 154
Tel. 01 41 95 55 29
www.astigiana.it
Franco Barbero ist nicht an der Erzeugung großer Mengen interessiert, sondern daran, dem Trester das sortentypische Aroma zu entlocken. Dabei entstand die Grappakollektion ›La Tastevin‹, die mittlerweile mehr als zwei Dutzend Produkte umfasst.

Neive (E 8)

Romano Levi
Via Borgo Stazione, 91
Seine Etiketten, die er auf die Grappaflaschen klebt, sind weltberühmt. Die Brände selbst sind ordentlich und traditionell gemacht. Moderner Kommunikationstechnik gegenüber ist er nicht sehr aufgeschlossen, deshalb müssen Sie bei ihm klingeln, ohne zuvor Ihr Kommen telefonisch ankündigen zu können.

Piobesi d'Alba (D 8)

Antica Distilleria Domenico Sibona
Via Roma, 10
Tel. 01 73 61 49 14
www.distilleriasibona.it
Diese Destillerie liegt mitten im Roerogebiet, aber nur wenige Kilometer von Alba entfernt. Garant ihrer Tradition ist, dass Sibona die erste Brennlizenz im Piemont zuerkannt bekommen hat. Was einst mit dem Dampfkessel einer alten Lokomotive begann, wird heute auf modernem technischen Niveau fortgesetzt.

Alles für Haus und Garten

Haushaltswaren

Crusinallo di Omegna (F 3)

Alessi
Via privata Alessi, 6
Di–Sa 9.30–18, Mo 14–18 Uhr
Alles, was nützlich und schön ist, kann man hier bei Alessi im Fabrikverkauf direkt erwerben.

Bialetti Rondine Faema
Via IV Novembre, 106
Mo 15.30–19, Di–Sa 9.45–12.30 und 15.30–19 Uhr
Espressomaschinen und Töpfe.

Lagostina
Via IV Novembre, 45
Mo 15–19, Di–Sa 9–12.30 und 15–19 Uhr, Juli, Aug. und Dez. auch So.
Pfannen und Töpfe aus Edelstahl, Spezialtöpfe für Spargel und Spaghetti sowie Schnellkochtöpfe und Expressokocher.

Piazza
Via IV Novembre, 242
Mo–Sa 9–12.30 und 15–18.15 Uhr
Geschirr und Töpfe, Feines aus Edelstahl. Das Herz eines jeden Hobbykochs schlägt in diesem Geschäft höher. Gutes Werkzeug für den Haushalt wird in großer Auswahl angeboten

Wäsche für Bad, Bett und Tisch

Verbania Fondotoce (F 3)

Pretti
Via 42 Martiri, 195
Mo–Sa 9.30–19 Uhr
Auf 500 m² findet man in diesem Fabrikverkauf eine große Auswahl schöner Wäsche für Bad, Küche und Bett aus Baumwolle und Leinen. Die laufenden Webstühle sind durch offene Fenster zu bewundern.

Bekleidung und Lederwaren

Asti (E 7)

Laveroni
Corso Dante, 35
Taschen und Lederbekleidung bekannter Marken findet man in diesem Fachgeschäft.

Les Griffes
Corso Dante, 21
Schuhe und Taschen von Prada, Calducci, Sergio Rossi und anderen bekannten Designern findet man in diesem kleinen, aber schicken Geschäft auf Astis traditioneller Einkaufsmeile.

Borgomanero (F 4)

Comab und Polartec
Viale Kennedy, 27
Mo 15.30–19.30, Di–Sa 9.30–12.30 und 15.30–19.30 Uhr
Sport- und Freizeitbekleidung von guter Qualität vor allem für Frauen.

Caltignaga (F4)

Sandys S.P.A
SS 229 (Omegna–Novara), km 8
Mo 15–19, Di–Sa 10–12 und 15–19 Uhr
Bekleidung für Tennis, Golf und Ski, sowie Badebekleidung, Pullis und Accessoires für Damen, Herren und Kinder.

Gravellona/Toce (F 3)

L'uno e l'altro
Corso Roma, 163
Mo 15–19.30, Di–Sa 9–12.30 und 15–19.30 Uhr
Damenoberbekleidung, Nachtwäsche, Tisch- und Bettwäsche aus Damast und anderen Materialien mit Spitzen und Stickereien.

Frühling im Bormida-Tal

Märkte & Feste

März

Cherasco
Antiquitäten- und Sammlermarkt am dritten Sonntag im März.

April

Agliano Terme
Letztes Wochenende: Tage des Barbera d'Asti: Wein- und Gastronomiefest auf den Hügeln um Agliano.

Alba
Letzte Aprilwoche: Seminare zum Thema Trüffel. Nase und Geschmack werden in Degustationskursen geschult. Etwa zur gleichen Zeit werden auf der Ausstellung ›Vinum‹ die Weine von Alba, der Langhe und des Roero präsentiert.

Mai

Cossano Belbo
Zweiter Sonntag: Fest mit typischen önogastronomischen Erzeugnissen.

Nizza Monferrato
Dritter Sonntag: Monferrato bei Tisch.

Cherasco
Möbelantiquitätenmarkt am zweiten oder dritten Sonntag im Mai.

Juni

Canelli
›L'Assedio di Canelli‹, mittelalterliches Kostümfest in der dritten Juniwoche.

Santo Stefano Belbo
Erstes Wochenende: Ausstellung italienischer Moscato-Weine.

Serralunga d'Alba
Dritter Sonntag: Spaziergang durch die Weinberge mit Verkostungen und Essen.

Juli

Cherasco Festival
Treffen von Tanz-, Musik- und Theatergruppen am dritten Juli-Wochenende.

August

La Morra
Letzter Sonntag: ›Mangialonga‹, önogastronomische Wanderung durch die Weinberge.

Cortemilia
Dritte Woche: Haselnussfest. Auf allen Plätzen und in der Altstadt gibt es Stände mit Produkten aus Haselnüssen. Dazu kann man die regionalen Dessertweine probieren. Konzerte, Umzüge und Theateraufführungen bilden den kulturellen Rahmen für diese Veranstaltung.

Canelli
Letzter Dienstag: Haselnussfest. An Verkaufsständen im ganzen Ort werden kulinarische Spezialitäten aus Haselnüssen und Weine aus Canelli angeboten.

September

Asti
Erste Septemberwoche: Auf der Douja d'Or werden nationale DOC- und DOCG-Weine präsentiert. Außerdem Festival delle Sagre, ein gastronomisches Fest, bei dem die typischen Gerichte der Region vorgestellt werden.

Palio di Asti
Dritter Sonntag: mittelalterliches Reiterfest auf der Piazza Alfieri.

Castellinaldo
Zweiter Sonntag: ›Nicht nur Arneis‹, önogastronomische Wanderung.

Barolo
Erster Sonntag: Fest der Freundschaft und des guten Weins im Ortsteil Vergne, Info: F. Grimaldi, Tel. 017 37 73 05.
Zweiter Sonntag: Barolo-Weinfest.

Bra
Ende September: Käse-Messe ›Cheese‹. Käse aus aller Welt werden ausgestellt und verkauft. An zahlreichen Marktständen kann die Vielfalt dieses berühmten Milchproduktes probiert werden.

Oktober

Alba
Ganz Alba steht in den beiden letzten Oktoberwochen Kopf anlässlich der Trüffelmesse. Auf den Plätzen wird gefeiert, getrunken und gegessen, und an unzähligen Marktständen werden die köstlichen Produkte der Region verkauft.

Alba
Palio degli Asini: Anfang Oktober (s. S. 37).

November

Nizza Monferrato
Erster Sonntag: Tag des Trüffels und der Karde.

Canelli
6. bis 11. November: regionale Trüffelmesse.

Vezza d'Alba
Ende November: Regionalmesse der Trüffel und Weine des Roero.

Castagnito
Ende November: Dankfest der heimischen Önogastronomie

Dezember

Santo Stefano Belbo
8. Dezember: Il Moscato nuovo in festa. Die Moscato-Produzenten stellen den neuen Jahrgang vor. Dazu werden hausgemachte Süßspeisen angeboten.

Kulinarischer Sprachführer

acciughe al verde	Sardellen in grüner Sauce
aceto/aceto balsamico	Essig/Balsamessig
acido	sauer
acqua vite	Schnaps (aus ganzen Früchten)
acqua, acqua minerale	Wasser, Mineralwasser
affumicato	geräuchert
aglio	Knoblauch
agnello	Lamm
agnolotti al plin	kleine gefüllte Teigtaschen mit Falte
agnolotti di grasso	Ravioli mit Fleischfüllung
agnolotti di magro	Ravioli mit Ricotta-Füllung
agrodolce	süßsauer
al cartoccio	im Pergament
albicoche	Aprikosen
alici	Sardellen
amaro	bitter
anatra	Ente
anguilla	Aal
animelle	Kalbsbries
antipasti	Vorspeisen
aragosta	Languste
arance	Orangen
arrosto	gebraten
asparagi	Spargel
aspro	herb, sauer
baccala	Stockfisch
bagnèt ross/verd	Sauce, rot/grün
barbera	Barbera-Traube
Barolo chinato	Barolo mit Chinarinde aromatisiert
basilico	Basilikum
bavarese di arance	Orangenbavaroise
beccaccia	Schnepfe
bevanda; bibita	Getränk; meist nicht alkoholisch
bietola	Mangold
Birbet	roter Süßwein
birra	Bier
biscotti	Plätzchen
bistecca	Kotelett
bollito misto	Kochfleisch, gemischt

Kulinarischer Sprachführer

bonet	Schokoladenpudding
bovino	(junges) Rind
brace, alla	auf Holzkohlenglut
branzino	Seebarsch
brasato	geschmort
brodo	Brühe aus Fleisch, Gemüse oder Fisch
budino di amaretto	Amarettopudding
bue	Ochse
bunet	Pudding mit Schokolade u. Haselnüssen
burro	Butter
burro d'aglio	Knoblauchbutter
cacciatore, alla	nach Jägerart
caffè	Kaffeehaus, Espresso
caffèlatte	Milchkaffee
calamaro	Tintenfisch
caldo	warm, heiß
cantina	Weinkeller
caponèt	Gefüllte Zucchiniblüten
capperi	Kapern
cappone	Kapaun, also kastrierter Masthahn
cappuccino	Espresso mit aufgeschäumter Milch
capretto	Ziegenlammbraten
capunet	Weißkohlröllchen
capunet alle verde	gefüllte Wirsingbällchen
carbonada di manzo	Geschnetzeltes
carciofo	Artischocke
carne	Fleisch
carne cruda	rohes Fleisch (gehackt)
carrello di formaggi	Käsewagen
casalinga	hausgemacht
castagna	Edelkastanie
cavallo	Pferd
cece	Kichererbse
cena	Abendessen
cervo	Damhirsch
cialda	Waffel
ciapole	Trockenfrüchte
ciliegie	Kirsche
cinghiale	Wildschwein
cipolla	Zwiebel
cipollina	Schnittlauch
coda di rospo	Seeteufel-Schwanz
cognà	Traubenmus
colazione	Mahlzeit
colazione, prima	Frühstück
colazione, seconda	Mittagessen

Kulinarischer Sprachführer

colomba, colombino	Taube, Täubchen
colombelle all'albese	Albeser Täubchen
coltello	Messer
coniglio	Kaninchen
conto	Rechnung
coperto	Gedeck
corretto	Espresso mit einem Schuss Alkoholischem, meist Grappa
coscia	Keule
costa	Rippe
costata di manzo	Steakbraten
costoletta	Kotelett
cotto	gekocht
cozza	Miesmuschel
crema di pomodoro	Tomatencremesuppe
crepe di patate	Kartoffelcrêpe
crescione	Brunnenkresse
crostaci	Krustentiere
crostata	Kuchen aus dünnem Mürbeteig
crudo	roh
cucchiaio	Löffel
cugna	Konfitüre aus Trauben, Wein und Nüssen
cucina casalinga	Hausmannskost
cuore	Herz
disossato	entbeint
dolce	Dessert
Dolcetto	Dolcetto-Traube
enoteca	Weinsammlung, Probierstube
equino	Pferdefleisch
erbe	Kräuter
espresso	der Kaffee schlechthin
fagato di mele	Apfeltaschen
fagiano	Fasan
fagioli	weiße Bohnen
fagiolini	grüne Bohnen
faraona	Perlhuhn
farcita	gefüllt
farina	Mehl
fatto in casa	hausgemacht
fave	Saubohnen, dicke Bohnen
fegato	Leber
ferri, ai	vom Rost, gegrillt
fettina	kleine Scheibe
fichi	Feigen
finanziera	Innereien mit Hahnenkämmen
finocchio	Fenchel

Kulinarischer Sprachführer

fiori di zucchini	Zucchiniblüten
foccacia	Hefeteigfladen, z. B. mit Oliven
fonduta	Sauce aus Fontinakäse
forchetta	Gabel
formaggio	Käse
forno, al forno	Backofen, gebacken
fragole	Erdbeeren
freddo	kalt
fricieu di mele	Apfelbeignets
frisse	Fleischbällchen
frittata	Eierkuchen
frittelle delle erbe	Kräuterpfannkuchen
fritto	in Öl oder Fett Gebackenes
frizzante	perlend, prickelnd
frutta	Obst, Früchte
frutti di bosco	Waldfrüchte
frutti di mare	Meeresfrüchte
funghi	Pilze
funghi in graticola	Steinpilze vom Rost
funghi porcini	Steinpilze
fungo, fungo porcino	Pilz, Steinpilz
galetto	junges Hähnchen
gallina, gallo	Huhn, alter Hahn
gambero	Garnele, Krebs
garitole e faseuj (Minestra di)	Pilzsuppe mit Bohnen
gastronomia	Feinschmecker-, Delikatessladen
gelateria, gelato	Eisdiele, Speiseeis, gefroren
ghiaccio	Eis (kein Speiseeis!)
ginepro	Wacholder
girella di vitello	Kalbs-Carpaccio
girello di vitello	Kalbsnuss
gnocchi di patate	Kartoffelgnocchi
grano	Korn, meist Weizen gemeint
grappa	Tresterschnaps, s. auch acqua vite
grappolo	Traube
grasso	fett
gratinato	überbacken
grigliata mista	gemischter Grill, Fleisch vom Rost
Grignolino	Grignolino-Traube
grissino	knusprige dünne Stange aus Brotteig
grive della Langhe	Schweinsvögel der Langhe
in camicia	im (Teig-)Mantel
insalata	Salat
intingolo	Sauce
invecchiato	gelagert, gealtert, abgelagert (Wein)
involtini di cavolo detti Pèss còj	Kohlrouladen

Kulinarischer Sprachführer

involtino	Roulade
lampone	Himbeere
lardo	weißer Speck
latte	Milch
latte di mucca, di pecora	Kuhmilch, Schafsmilch
lauro	Lorbeer
legumi	Hülsenfrüchte
lenticchie	Linsen
lepre	Feldhase
limone, limonata	Zitrone, Zitronenwasser, Limonade
lingua	Zunge
lingua in salsa agretta	Zunge in säuerlicher Sauce
lista del giorno, lista dei vini	Tagesmenü, Weinkarte
litro, mezzo	Liter, halber Liter
luccio	Hecht
lumache	Schnecken
macchiato	Espresso, mit etwas geschäumter Milch
macedonia	Fruchtsalat, nur aus frischen Früchten
macelleria	Metzgerei
maggiorana	Majoran
magro	mager
maiale	Schweinefleisch
maialino di latte	Spanferkel
maltagliati	unregelmäßig geschnittene Nudeln
malvasia	Malvasier-Traube
mancia	Trinkgeld
mandorla	Mandel
mangiare	essen
manzo	Rind, Ochse, Rindfleisch
manzo brasato	geschmorter Rinderbraten
marinata	Marinade
marrone	Edelkastanie
marzapane	Marzipan
mela	Apfel
melagrana	Granatapfel
melanzana	Aubergine/Eierfrucht
mele	Äpfel
melicotti	Maisplätzchen
menta	Minze
merluzzo	Dorsch, Kabeljau
mezzogiorno	Mittag
miele	Honig
minestra	Suppe
minestrone	Gemüsesuppe
mirtillo nero	Heidelbeere
montone	Hammelbraten

mora	Brombeere
mostarda	gewürzte Konfitüre aus Birnen, Äpfeln und Beeren
mucca	Milchkuh, Kuhfleisch
nebbiolo	Nebbiolo-Traube
nocciola, noce	Haselnuss, Walnuss
nodino	Scheibe vom Kalbskarree
non troppo cotto	nicht zu sehr durchgebraten, medium
oca	Gans
olio, olio di oliva, olio d'oliva	Öl, Olivenöl
orata	Goldbrasse
orion	Schweineohren
ortaggi	Gemüse
ossobuco	Kalbshachsenscheibe mit Markknochen
osteria	Gastwirtschaft mit einfachem Essen
ovino	Schaf, Lamm
padella	Pfanne
paesana, alla	nach Bäuerin-Art
pagare	bezahlen
pancetta	Bauchspeck
pane	Brot
panificio	Bäckerei
panna cotta	Sahnepudding
passito	Süßwein
pasta	Teig, Nudeln, Teigwaren
pasticceria	Konditorei
pate di tonno	Thunfischcreme
pepe	Pfeffer
peperoncino	kleine Pfefferschoten
peperone	Paprikaschote
peperoni	Paprika
pera	Birne
pernice	Rebhuhn
persico	Flussbarsch
pescatrice	Seeteufel
pesce	Fisch
pesche al Barolo	Pfirsich in Barolo
pèss an carpion	marinierter Fisch
petto	Brust
petto di gallina	Hähnchenbrust
piatta dei dolci	Dessertteller
piatta di formaggio	Käseteller
piatto di carni	Fleischteller
piatto del giorno	Tagesgericht
piccione	Taube
pinolo	Pinienkern

Kulinarischer Sprachführer

pisello	Erbse
polenta	Maisbrei
pollo	Huhn, Hähnchen
pomodoro	Tomate
porco	Schwein
porro	Lauch, Porree
pranzo	Mittagessen
prezzemolo	Petersilie
primo (piatto)	erster Gang
profumo	Duft
prosciutto	Schinken
prugna	Pflaume
quaglia	Wachtel
ragu	dickere Soße
rane	Frösche
ravioli di fonduta	Ravioli mit Käsesauce
ravioli di grano saraceno	Buchweizenravioli
raviolini	kleine Ravioli
ripieno	gefüllt
riso, risotto	Reis, Reisgericht
risòle	gefülltes Fettgebäck
roccaverano	Ziegenkäse
rognone	Nierchen
rolade	Roulade
rostone	Kalbsbraten
rotolo	Rolle
rucola, ruchetta	Ranunkel für Salat und als Sauce
russule e sanguigni alla brace	gegrillte Pilze
salare, salato; sale, saliera	salzen, salzig; Salz, Salzfass
sale	Salz
salmone	Lachs
salsa	Sauce
salsa di pesche	Pfirsichsauce
salsiccia	Wurst
salvia	Salbei
sampietro	Petersfisch
sancrau	Kohlgemüse
sandra	Zander
sarago, sargo	Brasse
sarda, sardina	Sardine
saussa d'avije	Honigsauce
savoiardi (biscotin)	Löffelbiskuits
scalogno	Schalotte
scampo	Kaisergranat
secco	trocken
secondi piatti	Hauptgänge

Kulinarischer Sprachführer

seiras	Ricottakäse
selvaggina	Wildbret
semifreddo	Halbgefrorenes
senape	Sesam
senevra	Senfsauce
seppia	Tintenfisch
sfoglia, sfogliata	Blätterteig, Blätterteiggebäck
sformato	(kleiner) Auflauf
sformato gianduja	Schokoladenflan
sobrich di patate	Kartoffelkroketten
sogliola	Seezunge
sòma d'aj	Knoblauchbrot
sott´olio	in Olivenöl Eingelegtes, Angemachtes
spada del maiale	Schweinerippe
spalla	Schulter, Bug vom Kalb, Schaf etc.
specialità della casa, locale	Spezialität des Hauses, der Gegend
spezzatino	Schmorgericht, eine Art Gulasch
spiedini di pollo	Hähnchenspieße
spiedino	Spieß, Spießchen (von Fisch, Fleisch und/oder Gemüse)
spiedo	Grillspieß
spinaci	Spinat
spremuta	frisch gepresster Fruchtsaft
spugnoli	Morcheln
spuma	Schaum
spumante	Sekt
spuntino	kleiner Imbiss
stinco	Keule
stoccafisso	Stockfisch
storione	Stör
stracotto	Schmorbraten
stravecchio	sehr alt, bei Wein und Grappa gelagert
stuzzichino	Appetithäppchen
succo, succoso	Fruchtsaft, saftig
sugo (de fegatini)	(Leber-)Sauce
sugo di chiodini	Hallimaschsauce
supa mitonà	Brotsuppe
tacchino	Puter, Truthahn
taglerini	kleine Nudeln
tagliata	Rinds-Lendenstück, Roastbeef u. ä., in Scheiben geschnitten und angerichtet
tagliatelle	breite Nudeln
tajarin	kleine Tagliatelle
tapulone	Esel
tartufo	Trüffel

Kulinarischer Sprachführer

tiepido	lauwarm
timo	Thymian
tinche	Schleie
tirà	Hefekuchen
toma	Schafskäse
tonno	Thunfisch
tonno di coniglio	mariniertes Kaninchenfleisch
tonno di galletto	mariniertes Hähnchenfleisch
torrone	weißer Nougat mit Haselnüssen
torta di castagne	Kastanienkuchen
torta di ceci	Kichererbsen-Flan
torta di nocciole	Haselnusskuchen
tortino	Törtchen
tortlòt	große Ravioli mit Gemüsefüllung
totano	Tintenfisch
tramezzino	dreieckiges Sandwich
trancia	Scheibe
trippa	Kutteln
trota	Forelle
umido, in	Schmorbraten
uovo	Ei
uva	Trauben
uvetta	Rosine
vacca	Kuh, Kuhfleisch
vecchio	alt, abgelagert
vendemmia	Weinlese, Traubenernte
vendita	Verkauf
verdura	Gemüse
verdure	Gemüse
verza	Wirsing
vin brulé	Glühwein
vini in abbinamento	angepasste Weine
vino (frizzante)	Wein (Perlwein, mit Kohlensäure)
vino amaro tonico	Kräuterbitter
vitel toné	marinierter Kalbsbraten
vitello	Kalb, Kalbfleisch
zabaione	schaumig geschlagenes, aromatisiertes Eier-Dessert
zafferano	Safran
zenzero	Ingwer
zucca	Kürbis
zucchero	Zucker
zuppa	Suppe
zuppa inglese	Biskuit mit Creme

Tipps & Adressen

Golfplätze

Allgemeine Informationen unter
www.piemont-pur.com/golf.html oder
www.golfclub-suche.de

Golf Club Le Colline
Piazza Nazioni Unite
15011 Acqui Terme (AL)
Tel. u. Fax 01 44 31 13 86
9 Loch

Golf Club La Margherita
Strada Pralormo, 29
10022 Carmagnola (TO)
Tel. 01 19 79 51 13, Fax 011 9 79 52 04
18 Loch

Golf Club I Girasoli
Via Pralormo, 315
10022 Carmagnola (TO)
Tel. 01 19 79 50 88, Fax 011 9 79 52 28
18 Loch

Golf Club Cherasco
Localita Fraschetta
12062 Cherasco (CN)
Tel. 01 72 48 97 72, Fax 01 72 48 83 04
www.golfcherasco.com
18 Loch

Golf Club Colline del Gavi
Strada Prov., 2
Località Fara Nuova
15060 Tassarolo (AL)
Tel. 01 43 34 22 64, Fax 01 43 34 23 42
9 Loch

Golf Club Margara
Via Tenuta Margara, 25
15043 Fubine (AL)
Tel. 031 77 85 55, Fax 031 77 87 72
www.golfmargara.it
27 Loch

Golf Club des Iles Borromees
Localita Motta Rossa
28833 Carpugnino (VB)
Tel. 03 23 92 92 85, Fax 03 23 9 29 19
18 Loch

Golf Club Alpino di Stresa
Viale Golf Panorama 49
28839 Vezzo (VB)
Tel. u. Fax 0323 2 06 42
9 Loch

Fahrradfahren

Als Hügelland bietet das Piemont Radfahrmöglichkeiten für diverse Ambitionen. Die Straßen sind in der Regel geteert und verlaufen entlang der Flüsse relativ flach, sobald man aber abseits dieser Routen fährt, muss man mit mittleren bis schweren, jedoch nicht allzu langen Anstiegen rechnen. Es gibt auch MTB-Strecken.

Ciclotours
Radwandern für Weinliebhaber und
Feinschmecker im Piemont
Telefon: 75 31 4 54 93 68
www.ciclotours.com

Tipps & Adressen

Dream Team
Radsport- und Mountainbike-Ferien im Piemont, Alexandra Pangerl, Streue 8, FL-9496 Balzers, Tel. 423 3 92 29 92, www.dreamteam.li

Bike-Reisen jester-tours
Mountainbike-Ferien im Piemont, Mainaustr. 34, 78464 Konstanz, Tel. 07531/7 92 79, www.jester-tours.com

Wandern im Piemont

Die **Fernwanderwege** (GTA) verlaufen im Piemont durch die Alpenregion, die touristisch bisher wenig erschlossen ist. Informationen: www.urlaub-piemont.de/index.html

In den **Weinregionen** sind in den letzten Jahren vermehrt Wanderwege angelegt worden.

Die sieben Wanderungen in **Monforte** umfassen Routen von 5 bis 13 km Länge, für die man zwischen 1,5 und 4 Stunden Zeit benötigt (ausgezeichnete Wanderkarte im Turismo Monforte erhältlich). Infos unter: Tel. 01 73 7 82 02, E-Mail: monforte@isiline.it

Umfassende Informationen zu den italienischen **Naturparks** erhält man unter: www.parks.it/regione.piemonte/Gindex.html
www.itinera2000.org/parconazionale-valgrande/index.htm

Informationen zu den Naturparks bei **Asti:**
Ente Parchi e Riserve Naturali
Via S. Martino, 5
14100 Asti
Tel. 01 41 59 20 91

Parco Naturale Rocchetta Tanaro
Regione Valbenenta, 12
14030 Rocchetta Tanaro
Tel. 01 41 64 44 84

Ferien mit Kindern

Bambino Tours
Postfach 20 05 44
35017 Marburg
Tel. 06421/93 10 00, Fax 06421/93 10 01, www.bambino-tours.de
Buchung des Bio-Agriturismo Gallo in Cortemilia.

Spezialreiseveranstalter

Weinreisen

Unter dem Motto: Piemont, roter Wein und weiße Trüffeln veranstaltet die Kunst und Reisen GmbH ›incontri culturali‹, www.incontri.de/kochkurse/wein_piemont.htm, Reisen ins Piemont. Eine gute Adresse für diverse Belange ist auch www.slowfood.de

Kochkurse

Eine allgemeine Adresse zur Vermittlung von Kochkursen ist die von Le Donne del Vino, Piazza Roma, 10, 14100 Asti, Tel. 01 41 59 42 15, Fax 01 41 35 300.

Die Kochkurse im Hause des Marchese Incisa können eine Woche dauern oder nur ein Wochenende, stets führt ein professioneller Koch die Teilnehmer (vom Anfänger bis zum Meisterkoch) in die Geheimnisse der piemontesischen Küche ein. La Corte Chiusa, Cantine di Marchesi Incisa della Rochetta, Via Roma, 66, 14030 Rocchetta Tanaro (Asti), www.lacortechiusa.it

Organisiert werden Genießer- und Golf-Reisen auch von Darchini Oed Kulturtouristik: www.kulturtouristik.de

Ballonfahrten

Giovanni Aimo Balloons bieten jedem, der sich traut, die Möglichkeit, Piemont von oben zu erleben. Man sollte dazu aber schwindelfrei sein. Die Fahrt dauert circa eine Stunde, und die Gondel kann bis zu drei Personen aufnehmen. Giovanni Aimo Balloons, Cameron Balloons Italia, Via Saluzzo, 7, Mondovi, 12084 Cuneo, Tel 017 44 71 92, Fax 01 74 55 15 24, E-Mail johnaimo@cnnt.it

Thermalbäder

Ein Aufenthalt im Thermalbad kann Urlaub oder Kuranwendung sein. Im Piemont lohnen drei solche Oasen für Körper und Geist einen Besuch.

Acqui Terme
Das Thermalbad Acqui Terme liegt im Süden des Piemont, in der Tiefebene von Alessandria. Ein Besuch der 75 °C heißen Quelle ›Bollente‹ verspricht Linderung bei Atemwegs- und Gefäßerkrankungen. Neuerdings werden in den jüngst renovierten Gebäuden auch Schönheitskuren angeboten. Terme di Acqui, Corso Bagni, 4, 15011 Acqui Terme (AL), Tel. 01 44 32 43 90, Fax 01 44 35 60 07, E-Mail: info@termediacqui.it

Tipps & Adressen

Agliano Terme
Agliano war am Ende des Zweiten Weltkriegs Sitz der provisorischen Regierung. Die Thermen aus der Zeit der Jahrhundertwende wurden 1999 durch einen Neubau ersetzt. Spezialisiert ist man auf die Heilung von Erkrankungen der Atemwege und des Verdauungsapparates. Neben Rehabilitation und funktionaler Gymnastik gehört auch ein Wellness-Zentrum zum Gebäudekomplex, der direkt neben dem Hotel Fons Salutis liegt. Terme di Agliano Srl, Via alle Fonti, 127, Agliano Terme (AT), Tel. 01 41 95 40 18, Fax 01 41 95 21 66.

Bognanco
Anfangs hielt man das Wasser aus Bognanco für Aquavit, weil es so brannte. Es hilft gegen Stoffwechselkrankheiten und bei Problemen mit Leber, Galle und Magen. Neben Trinkkuren werden auch Aerosol, Sauna und Unterwassermassagen angeboten. Società Idrominerale Bognanco Srl, Piazza Rampone, 1, 28842 Bognanco (VB), Tel. 03 24 23 41 09, Fax 03 24 23 42 78, www.termebognanco.it

Wassersport

Vom Orta-See aus sind die Wassersportgebiete der Sesia (Wildwasserstufe III–V) gut zu erreichen. Kanu- und Raftingkurse kann man buchen über www.kajaktour.de oder www.monrosarafting.it

Ferienhäuser

Suchmaschinen für Ferienhäuser nicht nur in Piemont: www.itacasa.de/Ferienhaeuser_Piemont.htm und www.ferienhaeuser-italien-urlaub.de/piemont/

Reiseservice

Anreise

Die meisten Menschen, die ins Piemont reisen, kommen mit dem eigenen Wagen, und sie tun gut daran, denn in der Region ist ein PKW unabdingbar, wenn man nicht an einem Ort bleiben will.

Wer das **Flugzeug** benutzt, kann von Deutschland aus direkt nach Turin fliegen. Hilfreich ist bei der Orientierung die Internetseite www.turin-airport.com oder der Fluginformationsdienst, Tel. 00 39 01 15 67 63 61/62 (6–24 Uhr. Am Flughafen sind alle internationalen Autoverleiher präsent, ein Flughafenbus (SADEM, Tel. 01 13 00 06 11) verbindet alle 30 Min. den Flughafen Caselle mit der Turiner Innenstadt (Hauptbahnhof). Die Fahrtzeit beträgt etwa 40 Min.

Wer die Anfahrt mit der **Bahn** bevorzugt, erhält Auskunft unter www.db.de oder www.fs-online.com. Die Bahnfahrt dauert wochentags ab München etwa 10 Stunden. Die Fahrt geht über Verona, Mailand oder Turin nach Asti. Am Wochenende dauert es etwa drei Stunden länger.

Wer mit dem **Auto** anreist: Ganz gleich, über welchen Pass man die Alpen überquert oder welche Tunnel man nimmt, die Strecke ins Piemont führt entweder durch das Aosta-Tal und über Turin oder über Alessandria, wenn man vom Gardasee her kommt. Von Turin aus erschließen sich Roero, Langhe und Monferrato bestens von der A 6 her, die in Savona endet. Gut ausgebaut ist die Strecke ab der Autobahnausfahrt Marene über Bra nach Alba. Wer über Asti fahren möchte, nimmt in Turin die A 21 Richtung Alessandria und fährt in Asti ab. Die Abfahrt Asti Est ist geeignet für alle, die nicht durch die Stadt fahren wollen, um die SS 231 zu erreichen, die Alba mit Asti verbindet und von der aus man sehr einfach ins Roero, in die Langhe und ins Monferrato gelangt.

Ausweispapiere

EU-Bürger benötigen einen gültigen Reisepass oder einen gültigen Personalausweis. Als Nicht-EU-Bürger können Sie sich bis zu drei Monate in Italien aufhalten; für einen längeren Aufenthalt muss ein Antrag bei einem italienischen Konsulat im Ausland gestellt werden. Jugendliche, die in Begleitung ihrer Eltern unterwegs sind und keinen eigenen Personalausweis besitzen, müssen in den Reisepass eines Elternteils eingetragen sein.

Führerscheine und andere Verkehrsdokumente, die in anderen Staaten gelten, werden in Italien anerkannt. Bürger aus Nicht-EU-Staaten benötigen eine ›Grüne Karte‹ (oder eine andere internationale Versicherungskarte).

Haustiere dürfen nur einreisen, wenn sie gesund und gegen Tollwut geimpft sind.

Um Jagdwaffen über die Grenze zu bringen, ist eine Genehmigung bei einem italienischen Konsulat zu beantragen, die von der Grenzpolizei bestätigt werden muss.

Reiseservice

Diplomatische Vertretungen
Generalkonsulat der Bundesrepublik Deutschland: Via Solferino, 40, 20121 Milano, Tel. 026 23 11 01, Fax 026 55 42 13, www.deutschesgeneralkonsulat-mailand.it
Schweizer Konsulat: Consolato di Svizzera, Corso Unione Sovietica, 612, 10135 Turin, Tel. 00 39 01 13 47 36 48, Fax 00 39 01 13 47 36 32, E-Mail: consochto@virgilio.it
Österreichisches Konsulat: Corso Matteotti, 28, 10121 Turin, Tel. 01 15 63 58 76, Fax 01 15 63 41 94

Feiertage
1. Januar   Neujahr
6. Januar   Hl. drei Könige
Ostersonntag und Ostermontag
25. April   Jahrestag der Befreiung vom Faschismus
1. Mai   Tag der Arbeit
15. August   Mariä Himmelfahrt
1. November   Allerheiligen
8. Dezember   Mariä Empfängnis
25./26. Dezember   Weihnachten

Geld
Bargeld erhält man mit Kreditkarten oder der ec-/Maestro-Karte (mit Geheimnummer) bei Banken oder an Bancomaten. Kreditkarten werden in fast allen Geschäften, Restaurants und Hotels akzeptiert, nicht immer jedoch in kleineren Läden.

Information
Das ›Consorzio Turistico Langhe Monferrato Roero‹ hat sich zur Aufgabe gemacht, Touristen Auskünfte über Reiserouten und aktuelle Informationen zu vermitteln. Es bietet außerdem Unter-

Blick vom Sacro Monte auf die Insel San Giulio im Orta-See

Reiseservice

stützung bei der Organisation diverser Veranstaltungen oder Kongresse. Es vermittelt Fremdenführer und Hotel- oder Restaurantreservierungen.
Alba, Palazzo Mostre e Congressi, Piazza Medford, 3, Tel. 01 73 36 66 15 38; Fax 01 73 44 05 96.

Gute **Internetadressen**:
www.regione.piemonte.it
www.langheroero.it
www.catanabuta.com

Notruf
Polizei und Krankenwagen: 113
Carabinieri: 112
Feuerwehr: 115
Rotes Kreuz: 118
Pannenhilfe: 116 (italienweit)

Öffnungszeiten
Banken: Jede Bank bestimmt ihre Öffnungszeiten selbst, weshalb es keine generelle Regelung gibt, jedoch Kernzeiten: Mo–Fr 8.30–12.30 Uhr und 15–16 Uhr. Postämter: Mo–Sa 8.30–12.15 Uhr, Hauptpostämter auch länger, kleine Postämter z. T. nur stundenweise. Ist der Freitag der letzte Tag eines Monats, verkürzen sich die Öffnungszeiten! Geschäfte und Apotheken: meist Mo–Sa 8–12.30 und 15.30/16–19 Uhr; in den Touristenorten länger, teilweise auch sonn- und feiertags, dafür an einem Wochentag halbtags geschlossen. Museen sind mittags meist geschlossen, ansonsten bemüht man sich im Piemont in der Saison um längere Öffnungszeiten. Kirchen bleiben häufig mittags zwischen 12/12.30 und 15.30/16 Uhr geschlossen.

Telefonieren
Karten für Kartentelefone erhält man an Zeitungskiosken und in TELECOM-Läden. Fast jede Bar besitzt ein öffentliches Telefon, am Telefonzeichen außen zu erkennen, von dem aus man auch ins Ausland telefonieren kann. In den Hotels wird ein Aufschlag verlangt, dessen Höhe sich nach der Kategorie des Hauses richtet. In Italien gehört die Vorwahl zur Nummer des Anschlusses, muss also auch innerorts gewählt werden. Vorwahl nach Italien: 00 39 (inklusive 0 der Rufnummer), Vorwahl nach Deutschland: 00 49, nach Österreich: 00 43, in die Schweiz: 00 41 (ohne 0 der Ortsvorwahl).

Trinkgeld
Bedienung ist im Preis inbegriffen. Trinkgeld gibt man je nach Zufriedenheit 5–15% des Rechnungsbetrages, bei hohen Beträgen evtl. weniger. Man rundet nicht auf, sondern lässt das Geld auf dem Tisch liegen.

Verkehrsregeln
Höchstgeschwindigkeit innerorts 50 oder 60 km/h je nach Beschilderung, auf Landstraßen 90 km/h, auf vierspurigen Landstraßen oder Superstrade 90–110 km/h, auf Autobahnen 110–130 km/h je nach Ausschilderung. Bei Regenwetter gelten übrigens Geschwindigkeitsbeschränkungen von 110 km/h auf der Autobahn und 90 km/h auf der Landstraße, auch wenn der eine oder der andere italienische Autofahrer die Verkehrsregeln sehr individuell interpretiert. Es besteht **Gurt- bzw. Helmpflicht** für Motorradfahrer, die **Promillegrenze** liegt bei 0,5; bei einem Unfall kann auch schon bei weniger eine Strafe ausgesprochen werden. Auf Autobahnen muss man auch tagsüber mit **Abblendlicht** fahren, Motorräder müssen grundsätzlich mit Licht fahren. Auch in Italien ist das **Telefonieren** mit dem Handy für den Fahrer verboten. Sämtliche Autobahnen im Piemont sind mautpflichtig.

Register

Acqui Terme (F 8)   31, 65, 140, 171, 173
Agliano Terme (E 7)   26, 28, 140, 149, 160, 173

Agriturismi
Antico Borgo del Riondino, Trezzo Tinella   40
Cà San Ponzio, Barolo, Fraz.Vergne   44
Cascina La Ca'Traza, Cessole   68
Cascina San Bernardo, Magliano Alfieri   62
Gallo, Cortemilia   64
Il Borgo, Castellinaldo   60
Il Melograno, B & B, Castagnito   58
Il Tiglio, Guarene   56
La Casa in Collina, Canelli   22
La Costa, Torre Bormida   70
Le Arcate, Sinio   50
Le Due Cascine, San Marzano Oliveto   30
Villa Carita, La Morra   46
Villa La Meridiana, Alba   38

Alba (E 8)   36, 38, 55, 57, 59, 61, 63, 114, 140, 156, 160, 161
Albaretto della Torre (E 8)   51
Alessandria (F 7)   25
Asti (E 7)   18, 20, 59, 63, 88, 90, 91, 141, 145, 159, 161, 172

Barbaresco (E 8)   43, 63, 102, 141, 149, 156
Barolo (D 8)   44, 61, 108, 141, 161
Bergolo (E 8)   71, 126
Bognanco (E 2)   173
Borgomanero (F 4)   129, 159
Bossolasco (E 8)   71
Boves (C 9)   49

Bra (D 8)   37, 55, 141, 161
Bubbio (E 8)   43, 69

Calamandrana (E 8)   96, 161
Calosso d'Asti (E 8)   149
Caltignaga (F4)   159
Canale (D 7)   57, 59, 61, 120, 122, 123, 142, 150
Canelli (E 8)   22, 31, 43, 95, 142, 160, 161
Carmagnola (D 7)   171
Carpugnino (F 3)   171
Carru (D 9)   49
Casale Monferrato (F 6)   13
Cassinasco (E 8)   23, 31, 69
Castagnito (E 8)   58, 59, 118, 142, 161
Castagnole delle Lanze (E 8)   150
Castell'Alfero (E 7)   92
Castellinaldo (E 7)   57, 60, 116, 117, 151, 161
Castello di Annone (E 7)   98
Castiglione Falletto (D 8)   34
Castiglione Tinella (E 8)   150
Cervere (D 8)   113
Cessole (E 8)   68, 142
Cherasco (D 8)   53, 110, 112, 160, 161, 171
Cinzano (D 6)   55
Cioccaro di Penango (E 6)   12
Cisterna d'Asti (E 7)   63
Coazzolo (E 8)   43
Cocconato d'Asti (E 6)   14, 21, 151
Corneliano d'Alba (D 8)   55
Cortemilia (E 8)   43, 64, 66, 157, 161
Cossano Belbo (E 8)   31, 143, 160
Costigliole d'Asti (E 7)   17, 142, 151
Cravanzana (E 8)   127, 142
Crusinallo di Omegna (F 3)   73, 158
Cuneo (C 9)   173

177

Register

Dogliani (D 8)   33, 48, 71, 151
Domodossola (F 2)   81

Feisoglio (E 8)   71
Fubine (F 7)   171

Gallo d'Alba (E 8)   157
Gattinara (F 4)   77, 151
Ghemme (F 4)   77, 152, 157
Gorzegno (E 9)   71
Govone (E 7)   63, 142
Gozzano (F 3)   77
Gravellona/Toce (F 3)   159
Grinzane Cavour (D 8)   45, 53, 143
Guarene (E 8)   56, 59, 143

Hotels
Al Castello, Novello   32
Albergo Casa Beatrice, Neviglie   42
Albergo Le Torri, Castiglione Falletto   34
Aleramo, Asti   18
Al Vecchio Castagno, Cocconato   14
Cascina Gabriela, Dogliani   48
Castello di Santa Vittoria D'Alba, Santa Vittoria d'Alba   54
Castello di Villa, Villa   16
Due Palme, Mergozzo   80
Fons Salutis, Agliano Terme   28
La Contrada dei Monti, Hotel Garni, Orta San Giulio   76
La Corte Albertina, Pollenzo   52
Locanda del Sant'Uffizio, Cioccaro di Penango   12
Locanda San Giacomo, Agliano Terme   26
Orta, Orta San Giulio   74
Reale, Asti   20
Santa Caterina, Orta San Giulio   78
Savona, Alba   36
Villa Conte Riccardi, Rocca d'Arazzo   24
Villa Crespi, Orta San Giulio   72
Villa San Carlo, Cortemilia   66

Incisa Scapaccino (F 7)   25

Isola d'Asti (E 7)   16

La Morra (D 8)   45, 46, 106, 144, 153, 160, 161
Loazzolo (E 8)   69, 125, 152

Mango (E 8)   23, 143
Mergozzo (F 3)   80, 135
Mezzomerico (F 4)   152
Miasino (F 3)   73
Mombercelli (E 7)   59, 157
Mombaruzzo (F 7)   157
Momo (F 4)   134
Moncalvo (E 6)   13
Mondovi (D 9)   43
Monforte d'Alba (D 8)   100, 101, 153, 172
Monta (D 7)   154
Monta d'Alba (D7)   145
Montaldo Scarampi (E 7)   144
Montechiaro d'Asti (E 6)   15, 21
Montegrosso d'Asti (E 7)   99, 144
Montelupo Albese (E 8)   33
Montemagno (E 7)   13, 21
Monteu (D 7)   153
Monticello d'Alba (D 8)   55, 119
Montiglio Monferrato (E 6)   15
Montorfano (H 3)   81

Neive (E 8)   41, 43, 63, 154, 157
Neviglie (E 8)   42
Nizza Monferrato (F 7)   31, 154, 160, 161
Noli (F 10)   49
Novara (F 5)   77
Novello (D 8)   32

Olmo Gentile (E 8)   65, 128
Omegna (F 3)   73
Orta San Giulio (F 3)   72, 74, 130, 131, 144

Parco Naturale di Rocchetta Tanaro (F 7)   17, 172
Pettenasco (F 3)   79
Pezzolo Valle Uzzone (E 8)   124

Piea (E 6) 15
Piepasso (F 7) 25
Piobesi d'Alba (D 8) 145, 157
Pollenzo (D 8) 52
Priocca (E 7) 154
Prunetto (E 9) 71

Restaurants
Al Sorriso, Soriso 132
All'Enoteca, Canale 120
Antica Corona ›Da Renzo‹, Cervere 113
Antico Agnello, Orta San Giulio 130
Bella Vista, Castellinaldo 117

Conti Roero, Monticello d'Alba 119

Da ›Fausto‹ Ristorante Operti 1772, Cherasco 110
Da Bardon del Belbo, San Marzano Oliveto 97
Da Maurizio, Cravanzana 127
Della Posta, Monforte d'Alba 100
Della Posta – Da Geminio, Olmo Gentile 128
Gener Neuv, Asti 88
I Bologna, Rocchetta Tanaro 94
Il Campanaro, Castell'Alfero 92
Il Convivio, Vini e Cucina, Asti 91
L'Angolo del Beato, Asti 90
La Ciau del Tornavento, Treiso 104
La Coccinella, Serravalle Langhe 105
La Crota, Roddi 107
La Fioraia, Castello di Annone 98
La Quartina, Mergozzo 135
La Trattoria, Castellinaldo 116
Leon d'Oro, Canale 122
Locanda Degli Amici, Loazzolo 125
Locanda del Boscogrande, Montegrosso d'Asti 99
Macallé, Momo 134
Osteria del Brutto Anatroccolo, Pezzolo Valle Uzzone 124
Osteria dell'Arco, Alba 114
Osteria della Rosa Rossa, Cherasco 112
Osteria La Cantinella, Barolo 108

Osteria La Salita, Monforte d'Alba 101
Osteria Veglio, La Morra 106
Ostu di Djun, Castagnito 118
Pinocchio, Borgomanero 129
Sacro Monte, Orta San Giulio 131
San Marco, Canelli 95
T'Bunet, Bergolo 126
Vecchio Tre Stelle, Barbaresco 102
Villa Tiboldi, Loc. Tiboldi, Canale 123
Violetta, Calamandrana 96

Rocca d'Arazzo (E 7) 24, 25
Roccaverano (E 8) 65, 144
Rocchetta Tanaro (F 7) 21, 25, 94, 144, 154, 172
Roddi (E 8) 107

San Giorgio Scarampi 65
San Marzano Oliveto (E 8) 30, 97, 155
Santa Vittoria d'Alba (D 8) 54
Santo Stefano Belbo (E 8) 67, 71, 160, 161
Santuario di Crea (E 6) 13
Santuario di Vicoforte (D 9) 49
Savona (F 9) 49, 67, 71
Serralunga d'Alba (D 8) 51, 160
Serravalle Langhe (E 8) 105, 155
Sinio (E 8) 50
Sommariva Bosco (D 7) 145
Soriso (F 4) 132
Stresa (F 3) 81

Tassarolo (G 8) 171
Torre Bormida (E 8) 70
Treiso (E 8) 41, 104, 172
Trezzo Tinella (E 8) 40

Val Sarmassa (E/F 7) 17
Verbania Fondotoce (F 3) 158
Verduno (D 8) 155
Vezza d'Alba (D 7) 161
Vezzo (F 3) 171
Vezzolano (E 8) 15
Viarigi (F 7) 25
Vinchio (E 7) 155

Abbildungsnachweis/Impressum

Alle Abbildungen von **Johannes Klekamp,** Köln

Kartografie: DuMont Reisekartografie, Puchheim
© MAIRDUMONT, Ostfildern

Titel: Das Weingut Fontanafredda in Serralunga d'Alba (oben), Restaurant Leon d'Oro in Canale (Mitte), Käsewagen im Macallé in Momo (unten)
Abbildung S. 8/9: La Contrada dei Monti, Orta San Giulio
Abbildung S. 82/83: Das Restaurant im Hotel Villa Crespi, Orta San Giulio
Abbildung S. 136/137: Früchte aus dem Roero

Bitte schreiben Sie uns, wenn sich etwas geändert hat!
Alle in diesem Buch enthaltenen Angaben wurden von den Autoren nach bestem Wissen erstellt und von ihnen und dem Verlag mit größtmöglicher Sorgfalt überprüft. Gleichwohl sind – wie wir im Sinne des Produkthaftungsrechts betonen müssen – inhaltliche Fehler nicht vollständig auszuschließen. Daher erfolgen die Angaben ohne jegliche Verpflichtung oder Garantie des Verlages oder der Autoren. Beide übernehmen keinerlei Verantwortung und Haftung für etwaige inhaltliche Unstimmigkeiten. Wir bitten dafür um Verständnis und werden Korrekturhinweise gerne aufgreifen:
DuMont Reiseverlag, Postfach 3151, 73751 Ostfildern
E-Mail: info@dumontreise.de

2., aktualisierte Auflage 2006
© DuMont Reiseverlag, Ostfildern
Alle Rechte vorbehalten
Grafisches Konzept: Groschwitz, Hamburg
Druck: Rasch, Bramsche
Buchbinderische Verarbeitung: Bramscher Buchbinder Betriebe

Printed in Germany